Otto W. Bringer

Die Macht der Meinung

gesprochen,
gedruckt oder
digitalisiert

Copyright: © 2020 Otto W. Bringer
Satz: Erik Kinting – www.buchlektorat.net
Umschlag inklusive Foto: Otto W. Bringer

Verlag und Druck:
tredition GmbH
Halenreie 40-44
22359 Hamburg

978-3-347-06750-9 (Paperback)
978-3-347-06751-6 (Hardcover)
978-3-347-06752-3 (e-Book)

Bibliografische Information der Deutschen Nationalbibliothek:
Die Deutsche Nationalbibliothek verzeichnet diese Publikation in der Deutschen Nationalbibliografie; detaillierte bibliografische Daten sind im Internet über http://dnb.d-nb.de abrufbar.

Jeder Mensch braucht Worte, um auszudrücken, wie er sich fühlt, was er möchte. Jeder hat eine eigene Meinung, von sich selbst und seiner Beziehung zu anderen Menschen. Zu Gott, der Natur, von Menschen geschaffenen Werten: Familie, Arbeit, Gemeinde und Staat. Meinung zu Prinzipien wie Ordnung, Gerechtigkeit und Ideale. Beeinflusst von Erziehung, Umgang mit anderen und allem, was er kennenlernt im Laufe seines Lebens.

Meinungen ändern sich schnell, beeinflusst von eigenen Gedanken, Erfahrungen, Erkenntnissen, aktuellen Moden oder dem Einfluss Dritter, Heilsversprechen oder Parteidoktrinen.

Aus Meinungen können Überzeugungen werden, wenn sie für Menschen wichtig sind, innere und äußere Sicherheit versprechen. Aber auch, weil es Vorteile verspricht, wenn eine Mehrheit Gleichgesinnter sie vertritt.

Überzeugungen sind Voraussetzung für den Glauben. Etwas für wahr halten, was nicht berechnet und bewiesen werden kann, weil es realiter nicht existiert. Nichts anderes ist als eine Idee. Die eines Gottes oder eines Staates, der erst noch zu schaffen ist. Idee im Sinne von Platon: Ausgangspunkt für Denken und Handeln.

Wenn aber Politik oder Interessengruppen Meinungen als Glaubenssätze verkünden, ist es Ideologie. Eine Gefahr für das Individuum, seine Freiheit, sein Überleben. Provoziert Widerstand mit nicht absehbaren Folgen. Worte haben mehr Macht als man gemeinhin glaubt.

Inhalt:

Einführende Gedanken

Jeder Mensch, Mann, Frau und Kind, hat seine ganz persönliche Meinung. Über Sachen, Ereignisse und Personen. Nachdem er nachgedacht oder sie spontan geäußert im hitzigen Gespräch. Unbedenklich, wenn sie privat bleibt, unter Freunden kursiert. Demokratischen Prinzipien entsprechend auch anderer Meinung gelten lässt.

Gefährlich sind Meinungen, die von Überzeugungstätern verkündet, den typischen Charakter von Ideologien haben. Es gab Zeiten, in denen Menschen Macht hatten, anderen ihre Überzeugungen aufzuzwingen. Kaiser «Karl der Große» ließ Tausende Sachsen ermorden, als sie die Taufe verweigerten. Aus demselben Grund verjagten Spaniens Könige «Ferdinand und Isabella von Kastilien» Muslime aus dem Land. Nachdem sie 400 Jahre Spanien Frieden und Wohlstand gebracht. In Nordirland steckten Royalisten ganze Straßenzüge der Katholiken in Brand. Lehrer erzogen ihre Schüler zu Gehorsam und Disziplin. Statt ihnen selbstständiges Denken beizubringen. Zu allen Zeiten versprechen machthungrige Politiker den Himmel auf Erden, um an die Macht zu kommen. Haben sie sie, zwingen sie ihre Ideologie denen auf, die sie gewählt haben. Nur daran interessiert, Macht zu gewinnen und zu behalten. Ideologisch schmackhaft gemacht. Ihr Ziel: das Meinungs-Monopol zu bekommen, auch unter Einsatz von Gewaltmaßnahmen.

Grundlage menschlicher Handlungen generell ist erst eine Idee. Im Ansatz meist ein guter Gedanke. Die Idee, Kinder zu zeugen, ein Haus zu bauen, Kfz-Mechaniker zu werden oder Kindergärtnerin. Philosophen haben ein Idealbild des Menschen vor Augen. Menschen als Individuen in Gemeinschaft mit anderen. Was sie zu sozialen Wesen macht, die miteinander auskommen müssen. Frei aber ihre Gedanken äußern können. Frei, eine Religion, einen Beruf auszuüben. Anspruch haben auf einen gerechten Lohn. In der Realität sieht es anders aus. Haben Menschen absolute Macht, sind sie schnell der Meinung, ihre Idee für die beste zu halten und durchzusetzen. In Firmen und Politik ein Ziel, das oft mit Gewaltmaßnahmen verbunden ist. Zustimmung findet und andere, die kündigen oder entschlossen, Widerstand zu leisten.

Philosophen formulieren meist ihre Idee in einer mehr oder weniger umfänglichen Theorie. Definierten das Wesen Mensch in Büchern und Vortragsreihen. Von Aristoteles über Kant, Kierkegaard bis Adorno und Precht. Bestrebt, offen zu bleiben und neue Aspekte hinzuzufügen. Nur an den Grundsätzen halten sie fest. Überzeugt, in der Gemeinschaft vieler Menschen sind sie unentbehrlich. Kennen sie doch die Schwächen des Menschen, der von Natur aus mal gut, mal böse ist.

Gelegentlich haben auch philosophisch begabte Politiker eine Idee. «Perikles», um 500 v. Chr., Staatenlenker im antiken Griechenland. Vollendete die bis heute gültige Staatsform der Demokratie. Das Mitspracherecht der Bürger. Der römische Kaiser «Marc Aurel» im 2. Jahrhundert n. Chr. Philosophenkaiser genannt. Das Büchlein «Selbstbetrachtungen» mit seinen Erkenntnissen und Ratschlägen für ethisch verantwortetes Verhalten ist in Buchhandlungen erhältlich. «François Mitterand», Präsident Frankreichs von 1981-1995, allen Zeitgenossen noch bekannt. Es lohnt sich, auf seine Idee vom Staat näher einzugehen.

In seinem Buch «L' Abeilles et l 'Architecte» die Bienen und der Architekt, vertritt er seine Idee: Die optimale Organisation einer Gemeinschaft ist die eines Bienenvolkes. Vorbild für die Architektur eines Staates. Die Bienen eines Hauses haben ein Zuhause, das sie schützt. Sind unterschiedlich begabt wie Menschen. Arbeiterbienen fleißig und immer unterwegs, Nahrung zu sammeln. Andere Spezialisten, die gebraucht werden. Heizerinnen, die im

Innern eines Baus mit ihren Flügeln schlagen, um Wärme zu erzeugen. Unentbehrlich in den Waben, in denen Nachwuchs bereits aus den Eiern geschlüpft ist. Arbeiterinnen versorgen die Heizerinnen vor Ort mit Futter. Weil die Wege bis zum Ausgang für sie zu weit sind. Die Brut zu lange unversorgt. Dann gibt es Kundschafterinnen, kräftige Bienen. Sie suchen im Umkreis von 4 km vom Bienenhaus nach Nahrungsquellen, Wasser-Vorkommen oder neuen Nistplätzen.

Eine besondere Rolle spielt die Königin. Von Drohnen im Flug begattet, legt sie ihre Eier in je eine Zelle, auch Wabe genannt. Wird es in einem Bau zu eng, bildet ein Schwarm Arbeiterinnen sogenannte «Weiselzellen». In die die Königin weitere Eier legt. Deren Larven werden mit Gelee Royal gefüttert, sodass aus ihnen ausschließlich Königinnen schlüpfen. Dieses Futter aus Honig und Pollen beschleunigt das Wachstum, sichert wie ein Zweikomponentenkleber den Verbleib der Larve in der Weiselzelle.

Charakterlich sind Bienen ähnlich wie Menschen veranlagt. Die einen sind neugierig und mutig, andere vorsichtig und zurückhaltend. Mitterand hat es in seinem Buch mit praktischen Beispielen aus der Politik erläutert. In seiner Zeit als Präsident immer wieder versucht, dieses sein Ideal zu verwirklichen.

Platon, einer der berühmtesten, immer noch zitierten antiken Philosophen geht in seiner Ideenlehre davon aus, dass die Idee als Gedanke gleich mit der Realität zu bewerten ist. Ideen sind Basis und Inhalt jeden Handelns in menschlichen Gesellschaften. Im Laufe der Zeit änderten sich die Prämissen. Im antiken Griechenland waren männliche Tugenden erstrebenswert. Der Mann vortrefflich, gerühmt und geehrt, ein Held. In Homers «Odyssee» ist Klugheit eine gute Idee, auch wenn sie auf einer Lüge beruhte. Aber Erfolg brachte und Leben rettete. Als die Griechen die Stadt Troja vergeblich belagerten, griffen sie zu einer List. Schoben unter einem Vorwand ein hölzernes Pferd in die Stadt. Im Bauch des Pferdes versteckte Soldaten überraschten die Verteidiger und besiegten sie rasch.

Auf der Heimfahrt landeten die Griechen auf einer Insel und wurden sofort verhaftet, viele getötet. Odysseus überredete Polyphem, den einäugigen Herrscher der Insel, einen Krug köstlichen Weins zu leeren. Dem Betrunkenen konnte er dann leicht das sehende Auge ausstechen. Sodass er erblindete, machtlos geworden. Die Griechen von der Insel in Richtung Heimat fliehen konnten.

Seit Platon gelten nicht heldische, sondern zivile Tugenden, z. B. die der Gerechtigkeit, ethischen Verhaltens. Platons Schüler Aristoteles schrieb:

«Der aber ist der Allerbeste, der selber alles bedacht hat, der wohl überlegt, was später und bis zum Ende das Bessere ist. Edel ist auch jener, der einem gut Ratenden vertraut. Wer aber weder selber denkt, noch auf einen Anderen hört und dessen Rat im Herzen bewegt, der ist ein ganz unnützer Mann.»

In Platons Ideenlehre spielt die Idee des Guten ontologisch eine Sonderrolle. Sie rangiert über allen anderen Ideen, die ihr unterzuordnen sind. Aber auch diese seien Schöpfungen des menschlichen Geistes und deshalb wertvoll. Zum Beispiel Ideen zu Staatsführung, Gesellschaftsordnung, zu persönlichem Verhalten, zu Tätigkeiten aller Art.

Platon hatte seine wichtige Ideenlehre nur im Dialog mit Kollegen und Schülern diskutiert. In seinen Augen die einzig taugliche Art des Meinungsaustausches. Später von Schülern aufgeschrieben und kommentiert. Aristoteles, sein berühmtester, entwickelte Platons Ideenlehre zu einer eigenen Philosophie weiter. Veröffentlicht in Schriften und Büchern. Laut Aristoteles ist das Gute im Menschen angelegt. Damit sei der ethische Anspruch verbunden, sich tugendhaft zu verhalten.

Tugenden beruhten auf Wissen. Sie müssten, wie alles Wissen, immer wieder überprüft und mit neuen Erkenntnissen abgeglichen werden. Erst wenn zum Schluss feststeht, es ist gut gedacht, dürfe man die Konsequenzen daraus ziehen, Regeln und Gesetze werden lassen. Verbindlich für gedeihliches Zusammenleben von Menschen. Heute ist es im Grundsatz nicht anders. Nur üblich von Einfällen zu reden, Gedanken, Leitbildern, Erkenntnissen in Geistes- und Naturwissenschaften.

Einsteins Relativitäts-Theorie zum Beispiel beweist, alles ist abhängig, nichts autonom. Selbst im Weltall hängt alles mit allem zusammen. Eines vom anderen abhängig. Schwarze Löcher inklusive. Stephen Hawking definierte sie als flüchtig, weil in ihnen hohe Temperaturen herrschen. Deshalb verdampfen sie und verschwinden im Weltraum. Die Frage bleibt: Wo sind sie geblieben?

Einstein und Hawking beide physikalische Genies. Und begabte Philosophen, also Freunde der Weisheit. Sie erklärten uns die Welt naturwissenschaftlich. Anders als die griechischen Philosophen Platon, Aristoteles, Sokrates, Pythagoras und viele andere noch. Deren Gedanken waren zu ihrer Zeit ebenso neu wie die Einsteins und Hawkings heute. Ihre Kollegen und Schüler diskutierten sie, bis jeder Wissensdurstige sie begriffen hatte. Einstein erklärte die Relativität von Zeit und Raum an einem Beispiel, das auch den Ungebildetsten überzeugt:

«Stellen Sie sich vor, Sie sitzen eine Minute allein neben einem heißen Ofen. Sie kommt Ihnen wie eine Stunde vor. Sitzen Sie aber mit einem hübschen Mädchen eine Minute neben demselben Ofen, glauben Sie, nur wenige Sekunden seien vergangen.»

«Karl Marx», ein Philosoph des 19. Jahrhunderts entwickelte nach langem Studium realer Verhältnisse in Volkswirtschaften die Idee einer sozialen, also klassenlosen Gesellschaft. Ein Gegenentwurf zur bisherigen Realität. In der Christentum und Adel seit Jahrhunderten nicht nur die absolute Herrschaft besaßen. Auch bessere Chancen, Vermögen anzuhäufen. Die beginnende Industrialisierung im 19. Jahrhundert brachten die ersten Unruhen. Das bisherige Ordnungssystem funktionierte nicht mehr, als sich im traditionellen Handwerk alles änderte.

Der Engländer Cartwright erfand 1786 den mechanischen Webstuhl. Neu gegründete Produktionsstätten lieferten schon bald Stoffe billiger aufs europäische Festland. Sodass heimische Weber keine Aufträge mehr erhielten. Nicht lange und erste deutsche Hersteller kauften moderne Maschinen, um ebenfalls günstiger produzieren und anbieten zu können. Jetzt ging es um den Preis wie heute. Immer mehr Menschen waren entbehrlich und somit arbeitslos.

Verdienten kein Geld, ihre Familien zu ernähren. Sie protestierten, aber es half ihnen nicht. Auch die Folgen der Digitalisierung sind noch nicht absehbar. Millionen Arbeitsloser von Skeptikern prognostiziert. Optimisten prophezeien mehr neue andere Arbeitsplätze. Was das für den einzelnen bedeutet, weiß nur die Angst.

Gerhart Hauptmanns soziales Drama «Die Weber» eine Reaktion auf den Weberaufstand 1844 in seiner Heimat Schlesien. Höhepunkt vieler Aufstände in den Jahrzehnten zuvor. Das Drama schildert realistisch Schicksale arbeitsloser Weber, Aufstände und Schinderei. Hunger und Tod die Themen. Die Uraufführung 1892 vom Polizeipräsidenten Berlins verboten. Es sei eine sozialdemokratische Unterwanderung bestehender Gesetze. Man verhandelte zwei Jahre lang im Reichstag über Pressefreiheit und ließ schließlich 1894 die Aufführung im «Deutschen Theater» Berlin zu.

Auch Heinrich Heine, den jüdischen Poeten, ließ dieses Weberschicksal nicht ruhen. Schrieb aus seinem Pariser Exil, das er Matratzengruft nannte, ein Gedicht. Hier zwei Strophen, die die damalige Stimmung ausdrücken:

«Die schlesischen Weber

Im düstern Auge keine Träne -
wir sitzen am Webstuhl und fletschen die Zähne -
Deutschland, wir weben dein Leichentuch-
wir weben hinein den dreifachen Fluch -
wir weben, wir weben.

Das Schiffchen fliegt, der Webstuhl kracht -
wir weben emsig Tag und Nacht -
Altdeutschland, wir weben dein Leichentuch -
wir weben hinein den dreifachen Fluch -
wir weben, wir weben.»

Nicht nur die Betroffenen reagieren mit Protesten.

Auch Künstler, die immer schon auf der Seite der Schwächeren standen. Bis heute hat ihre Sprache Macht. Mehr als die normaler Menschen in einer Gesellschaft. Auch die Sprache der Musik, von Farben und Symbolen auf Bildern wird verstanden. »Picassos» 3,5 mal 8 Meter großes Gemälde «Guernica», eindrucksvolle Anklage gegen Krieg und Massenmord. Anlässlich des 1. Weltfriedens-Kongresses erfand er die «Friedenstaube». Seit 1919 ist sie das aktuelle Symbol des Friedens. «Josef Beuys», Maler, Bildhauer und Professor an der Düsseldorfer Akademie fand mit seiner Kunst in den 60er und 70er Jahren internationales Echo. Er definierte Kunst als Aktion. Heute als «Performens» en vogue. Nur so könne sie sich in der modernen Welt Aufmerksamkeit verschaffen. Botschaften verkünden. Notwendige Änderungen in Staat und Gesellschaft anmahnen. Er empfahl, mit dem «Dalai Lama» ein Gespräch über Grundfragen des Menschen zu führen.

Zurück zu Karl Marx. Die Aufstände der Weber in Deutschland waren ihm willkommene Vorlagen für seine Schlussfolgerung: Fortschritt ist Rückschritt. Die Formel eindringlich, von zwingender Logik geradezu: «Maschinen schaffen Arbeitslosigkeit»

In seinem Hauptwerk «Das Kapital» bewies er es mit zahlreichen Beispielen. Kritisierte die kapitalistische Gesellschaft mit ihren negativen Auswirkungen für die Arbeiterschaft. Die Produktionsweise sei die einer Klassengesellschaft. Kapitalisten vermehrten ihr Privateigentum an den Produktionsmitteln, indem sie Lohnabhängige für sich arbeiten lassen. So akkumuliere sich der Reichtum in Form von Kapital. Während Arbeiter dauerhaft ausgeschlossen bleiben.

Karl Marx kritisierte auch die politische Herrschaft. Sie stelle die Staatsgewalt in den Dienst des Kapitals. Und schreibe die Abhängigkeit der arbeitenden Klasse in Gesetzen fest. Von der Theorie des Gesellschaftstheoretikers Friedrich Engels beeinflusst, entwickelte Marx die Idee einer klassenlosen Gesellschaft. Seitdem Marxismus genannt. Ideologische Voraussetzung für alle sozialistischen Systeme weltweit. In Demokratien und Diktaturen. Jeweils mit anderen Prämissen und Konsequenzen.

In Deutschland wählte der Reichstag 1919 Friedrich Ebert zum ersten Präsidenten der Weimarer Republik. Der ersten Demokratie nach Jahrhunderten monarchischer Herrschaft von Fürsten, Königen und Kaisern. Als überzeugter Sozialdemokrat verstand sich Ebert als Repräsentant aller Deutschen. Versuchte aber auch stets, kooperationswillige Teile der bürgerlichen Mitte in seine Politik einzubeziehen. Deutschland sollte nach dem vier Jahre währenden Krieg wirtschaftlich wieder aufgebaut, ein geordneter Rechtsstaat hergestellt werden. Jeder konnte seine Meinung sagen, auf Versammlungen und im Parlament, ohne wie früher für eine abweichende bestraft zu werden. Rosa Luxemburg z. B. kam ins Gefängnis, als sie 1914 in Zeitungen Deutschen empfahl, den Wehrdienst zu verweigern.

Präsident Ebert konnte nicht verhindern, dass radikale Freischärler Karl Liebknecht und Rosa Luxemburg am 15. Januar 1919 ermordeten. Ihre kommunistische Weltanschauung der Anlass. Einer Frau, die den Begriff der Freiheit als die «Freiheit des Andersdenkenden» definierte.

Weltweit spürbare wirtschaftliche Auswirkungen des ersten Weltkrieges und gleichzeitiges Erstarken zeitkritischer Stimmen führten in vielen Staaten der Welt zu Aufständen und Revolutionen. Die nicht selten in Diktaturen endeten. Es können hier nur die größten Verbrecher gegen die Menschlichkeit genannt werden und die Zahl der Todesopfer ihrer diktatorischen Systeme.

«Adolf Hitler» in Deutschland, größter Verbrecher aller Zeiten mit 55 Mio Toten insgesamt. «Mao Zedung» ließ 35 Mio in China umbringen. «Josef Stalin» 25 Mio in Russland. «Kim il Sung» ließ 3,5 Mio Bürger Nordkoreas ermorden. «Pol Pot» 1,7 Mio seiner Gegner in Kambodscha. Über eine Million Opfer unter der Diktatur «Benito Mussolinis» in Italien, General Francos in Spanien, «Sadam Husseins» im Irak. Im Iran unter «Chomeniei» werden 600.000 Opfer genannt. Eine Vielzahl selbsternannter Stammesfürsten in Afrika und durch Korruption, Erdöl, und Drogenhandel reich gewordene Staatenlenker in Mittelamerika, deren Opfer nicht bekannt sind. Es dürften etliche zehntausend sein, die wegen anderer Meinung ermordet wurden.

Die 1988 gegründete «Human Rights Watch» eine der vielen NGOs, Nichtregierungs- Organisationen, klagt an. Bringt Potentaten vor Gericht, die Menschenrechte verletzten. Erreichen weltweite Verbote z. B. von Streubomben. Bisher von 100 Staaten unterzeichnet.

Wer glaubt, im einundzwanzigsten Jahrhundert ist alles besser als früher, der irrt. Es haben sich nur andere Möglichkeiten ergeben. Machtkämpfe andere, subtilere Formen angenommen. Es bleibt bei Drohungen bisher, Interkontinental-Raketen mit Atomsprengköpfen startbereit.

Jedoch ad hoc Meinungen verbreitet im Internet. Ein rasanter, technischer Fortschritt erlaubt es, per Tastentipp global zu agieren. Unautorisiert Meinungen zu streuen, die sich Millionen Follower zu eigen machen. Anonyme Meinungsmacher hetzen gegen angebliche Feinde auf. Finden Anhänger. Erzeugen geballte Ladungen Sprengstoff mit Folgen für das friedliche Zusammenleben von Menschen und Völkern.

Auch das die negative Seite einer technischen Entwicklung. Denn jeder Fortschritt ist ein Rückschritt, weil er auch zum Missbrauch anregt. Positiv dagegen, dass Menschen per Smartphon von den Vorteilen persönlicher Freiheit erfahren. Überall in der Welt. Auch in Staaten, die per Datentechnik ihre Bürger rund um die Uhr kontrollieren. Selbst im tiefsten Dschungel Afrikas, den entlegensten Krals sind Menschen informiert. Viele, nicht alle protestieren. Die Angst sitzt tief. Doch Freiheit lockt und sie entschließen sich, ihr Heimatland zu verlassen. In eine Zukunft, die ungewiss ist, aber hoffen lässt.

Noch ein negatives Beispiel der propagierten Meinungs- und Handlungsfreiheit. Auch demokratische Einrichtungen in den USA wie Fonds und Stiftungen mischen sich in private Belange der Menschen ein. Spenden Millionen und agieren vor Ort. Aktiv in den Entwicklungsländern Indien, Afrika, Korea, einige Staaten Afrikas, die Geburtenrate zu verringern. Sie sei ihrer Meinung nach eine Gefahr für den Wohlstand westlicher Länder. Es kümmert sie nicht, dass organisierte Abtreibung und Zwangssterilisation Proteste auslösen. Das Gegenteil bewirken.

Denn Kinder sind in diesen überwiegend agrarwirtschaftlich organisierten Ländern die einzige Alterssicherung. In Russland zu wenig Männer, in China zu wenig Frauen. Der Nachwuchs fehlt, das Problem. Völker könnten aussterben oder auswandern. Sich mit anderen mischen und genuine Eigenschaften verlieren.

Auch Aktionen unter dem Mäntelchen der Nächstenliebe sind nur möglich, weil Meinungen heute Macht haben. Die Macht, Realitäten zu ändern. Wenn sie kumuliert veröffentlicht zur Meinung vieler, ganzer Gesellschaften werden. Damit sind wir beim Thema dieses Buches.

Anfangs schien alles gut

Als Gott Adam, den ersten Menschen erschuf und aus einer seiner Rippen Eva, geschah Unerhörtes: Gott, der einer in drei Personen und doch ein einziger Wille ist, begründete die Meinungsfreiheit. Adam und Eva sollten nicht nur für die Fortpflanzung, sondern auch für die Meinungsbildung unentbehrlich sein.

Man könnte sich gut folgendes Szenario vorstellen: Adam der Meinung, hier in einem Paradies lässt es sich gut leben. Genug Früchte, satt zu werden. Genug Quellen, den Durst zu stillen. Stolz machte es ihn, als es ihm gelang, aus herabgefallenen Ästen eine Hütte zu bauen. Von ihm aus könnte es so weiter gehen bis in alle Ewigkeit.

Eva half ihm dabei, weil sie dachte, ich muss Gott gehorchen. Er hat mich an seine Seite gestellt. Im Stillen aber dachte sie: langweilig auf die Dauer, zu tun, was Adam will. Auch gelüstete es sie nach Abwechslung im immer gleichen Alltag. Begab sich auf Wanderung, um Neues zu entdecken.

Eva fand einen Baum mit rotgoldenen Früchten, den sie nicht kannte. Ein fremdes Wesen schlängelte sich um einen Ast, sah sie an und versprach ihr Gottes Lob, wenn sie eine dieser Früchte esse. Denn dann könne sie Gut und Böse unterscheiden.

Begeistert lockte sie ihren Gefährten, auch eine Frucht zu essen. Adam ließ sich gern verführen, was man ihm nachfühlen kann. Den Rest der Geschichte kennen wir. Gott vertrieb sie aus dem Paradies, weil sie getan, was er ihnen verboten hatte. Draußen aber lernten sie die Liebe kennen. Den Unterschied zwischen Mann und Frau. Von denen jeder eine eigene Meinung hat.

Stimmt die Geschichte im Alten Testament, hatte sich auch Abraham im hohen Alter damit abgefunden, dass Sara, seine Frau, keinen Sohn mehr gebären konnte. Söhne waren die Zukunft des jüdischen Volkes. Sara aber war anderer Meinung. Auch, wenn sie selbst aus dem gebärfähigen Alter heraus war, müssten Söhne geboren werden. Damit ihr Volk nicht ausstirbt. Drängte ihren Mann zum Geschlechtsverkehr mit Hagar, ihrer Dienerin.

Abraham folgte ihr, auch weil es geltende Meinung war, und zeugte mit Hagar einen Sohn. Sie nannten ihn Ismael. Er gilt als Stammvater der Araber. Mohammed soll von ihm abstammen. Der erstgeborene Sohn Isaak Stammvater der Juden. Ob die Bibel heute noch Juden überzeugt? Immer noch werden in religiösen Familien Knaben innerhalb der ersten acht Tage nach der Geburt die Vorhaut abgeschnitten. Ihre Zeugungslust als Mann zu steigern. Damit das Volk Israel nicht ausstirbt.

Jeder weiß, dass Mann und Frau nicht nur körperlich verschieden sind. Ebenso wichtig ihre unterschiedliche Auffassung in vielen Bereichen. Männer agieren überwiegend zielbewusst und auf Erfolg bedacht. Frauen reagieren. Einfühlsam, auf Ausgleich bedacht. Aufgrund biblischer Überlieferung bildet sich der Mann ein, er sei der erste Mensch gewesen und werde deshalb immer der Erste sein. Handelt entsprechend, gezielt oder intuitiv. Nicht viel hat sich daran bis heute geändert. Obwohl Frauen gut ausgebildet und selbstbewusst geworden sind. Mit Sachkenntnis und sensiblerem Gespür sich mehr und mehr in Chefetagen und Parlamenten durchsetzen. Nicht diktatorisch, sondern auf partnerschaftlicher Basis.

Immer schon gab es Frauen und Männer, die mit ihrer eigenwilligen Meinung die Gesellschaft weitergebracht haben. Erfindungen gemacht, Neuerungen durchgesetzt, trotz Widerständen und bürokratischer Willkür. Überzeugt, die anderer Meinung waren. Leider auch gewaltsam, wie die Geschichte beweist.

Die Leistungen von Männern und Frauen ließen sich auflisten. Den Beweis zu erbringen, dass die Schöpfung auf Vielfalt angelegt ist. Nicht nur männliche, auch weibliche Beweise ihres Könnens haben Geschichte geschrieben. In der Natur sind es ungezählte Arten, die sich wiederum in Unterarten spalten. Alles Lebendige hat eine eigene Art und Weise, sich bemerkbar zu machen. Miteinander zu kommunizieren. Sogar verschiedene Bäume in Mischwäldern, Tannen, Buchen z. B. sollen interagieren. Sich gegenseitig helfen bei Trockenheit oder Schädlingsbefall.

Schweizer Waldexperten bewiesen, dass gemischt aufgeforstete Wälder das Klima begünstigen, mehr CO_2 binden als reine Tannen oder Buchenwälder. Somit das Potential, zweidrittel des vom Menschen ausgestoßenen CO_2 zu binden und damit unschädlich zu machen. Beeindruckendes Forschungs-Ergebnis von hoch qualifizierten Teams. Männern und Frauen an der ETH. Der Eidgenössischen Technischen Hochschule in Zürich. Ihre Meinung tonangebend in Fachkreisen, weil sachlich begründet, Beweise geliefert. Damit zur Lösung eines hochaktuellen Problems beigetragen. Ohne den Ehrgeiz, mit einem Nobelpreis belohnt zu werden. Man darf gespannt sein, ob Waldbesitzer und Politiker ihren Erkenntnissen folgen werden.

Denkt man an Kommunikation zwischen Menschen, fällt manchem Perikles ein, Vollender der klassischen Demokratie im 5. Jahrhundert v. Chr. Zwanzig Jahre war er der Anführer des Attischen Seebundes, Vereinigung aller Stadtstaaten in Griechenland. Hauptstadt Athen. Auf dem Pnyx, einem öffentlichen Forum mit Rednerbühne, konnte jeder Mann seine Meinung sagen. Zu aktuellen Problemen im Alltag der Bewohner. Vorschläge machen zu Verwaltung und Verteidigung der Staatsgrenzen. Frauen, Fremde und Sklaven damals ausgeschlossen.

Noch Jahrtausende waren Frauen in den meisten Staaten an Entscheidungen in öffentlichen Dingen nicht beteiligt. Das Frauenstimmrecht in den USA 1917 bei Kriegseintritt gegen Deutschland und Österreich im Gesetz verankert. Der damalige Präsident Wilson begründete es in seiner Rede:

»Wir haben in diesem Krieg Frauen als Partner gebraucht. Wir sollten diese Partnerschaft nicht nur bei Leiden, Opfern und Arbeiten belassen, sondern auch bei der Schaffung von Recht und Gesetz.«

Bei der nächsten Präsidentenwahl 1919 betrug der Anteil der Frauen weit mehr als die Hälfte aller Wahlmännerstimmen.

Das Frauenstimmrecht wurde in Deutschlands erster Demokratie 1918 eingeführt. Es mag an tradierten Werten, am bäuerlichen Selbstverständnis der Schweizer liegen, dass Frauen erst 1971 das Stimmrecht erhielten. Seitdem aber sind die Ergebnisse ausgewogener. Frauen Nationalrätinnen, Präsidentinnen.

Von diesem «Homo Sapiens» soll in diesem Buch die Rede sein. Mensch mit Verstand, der ihn vom Tier unterscheidet. Er denkt und bildet eine eigene Meinung. Beeinflusst von Glauben, Erziehung und eigenen Erfahrungen. Doch die Geschichte des Menschen ist leider auch eine Geschichte der Unterdrückung, die einer Vereinheitlichung der Meinung. Einer regelrechten Meinungs-Diktatur.

Geschaffen von Menschen, deren einziges Ziel es ist, Macht zu erhalten. Bestimmen zu können, was gut oder schlecht für die Menschen ist. Heute das Ziel von Marktführern, auch Meinungsführer zu sein in prosperierenden Bereichen. Vornehmlich in weltweit digital agierenden Firmen. Sie senden Nachrichten, ob recherchiert oder erfunden. Verkaufen Vorteile, auch wenn 's nur Versprechen sind. Hauptsache, ihre ausgesendeten Daten machen sie zum Weltmarktführer. Die Suchmaschine Google z.B. verdient enorme Summen, indem sie

Firmen Möglichkeiten bietet, gegen Entgelt für Produkte und Dienstleistungen zu werben. Die alle ein besseres, bequemeres Leben versprechen. Milliarden verdienen die Chefs digitaler Firmen. Jeff Bezos, Chef von Amazon, ist der reichste Mann der Welt.

Warum bloß scheinen Menschen nicht zu merken, dass sie manipuliert werden? Glauben sie etwa, wenn in allen Medien dasselbe veröffentlicht wird, muss es stimmen? Ob gedruckt, gesendet, von sogenannten Experten bestätigt, unumstößliche Wahrheit ist? Die Meinung anderer Experten werden nur selten veröffentlicht. Politik ignoriert sie, weil sie ein neues internationales Abkommen treffen müssten, Gesetze ändern. Gestehen, sie wären überholten Erkenntnissen gefolgt. Verträten sie neue Erkenntnisse z. B. beim Klimawandel.

Stärkeren Einfluss auf unser Klima soll nach Meinung einiger Forscher die Stratosphäre, nicht die Atmosphäre haben. Die aber sei noch nicht endgültig erforscht. Anteile des Menschen am Klimawandel können erst endgültig bestätigt werden, wenn vom Menschen verursachte Emissionen auch in der Stratosphäre nachgewiesen sind. Zurzeit beträgt ihr Anteil in der Atmosphäre ca. 30 % CO_2. Den Rest emittiert ohnehin die Natur.

Von Klima retten reden sei hybrid. In den Jahrmillionen der Erdgeschichte änderte sich das Klima dauernd. Eiszeiten folgten Hitzeperioden, mildere und erneut kühlere Jahrhunderte. Forscher ermittelten, etwa alle zweihundert Jahre jagten Sonnenstürme durchs Weltall. Mit der Gewalt von 66 Milliarden Hiroshimabomben. Flüsse trockneten aus, Ernten verbrannten. Hungersnöte auch in Europa und Hunderttausende mussten sterben. Zuletzt 1982 ein heißer Sommer ohne Regen. Flüsse und Stauseen mit Niedrigwasser. Auf vielen Feldern die Ernte verdorrt. Rudi Carell sang in seiner wöchentlichen Fernseh-Show:

«Ach wär 's doch wieder Sommer. Ein Sommer, wie er früher einmal war.»

Professor Ugo Bardi ist Mitglied des «Club of Rom», der seit 1970 regelmäßig über den Zustand der Erde berichtet. Bardi resümierte in einem Interview, des Menschen Geist sei überfordert, Prozesse zu verstehen, die sich über Jahrmillionen hinziehen. Politiker planten kurz- und nicht langfristig, weil sie nur in Wahlperioden denken. Solange die Wissenschaft keine plausible, datengestützte Lösung hat, solle man mögliche Sofortmaßnahmen ergreifen. Die ohnehin zu Ende gehenden Vorräte an fossiler Energie und Mineralien nicht weiter auszubeuten. Ein leichter wirtschaftlicher Kollaps könnte Anlass sein, umzusteuern. Bevor nicht nur die gesamte Weltwirtschaft, auch ihre Sozialsysteme kollabieren.

Regierungskritische Bürger und Bürgerinnen fragen sich, warum planen Regierungen nicht besser Maßnahmen, die Menschen schützen, als sich aufs hohe Ross zu setzen und behaupten, sie können das Klima retten. Sie sollten besser an Menschen denken und nicht an Programme. Gesetze erlassen, Luft, Wasser und Böden von Schadstoffen zu befreien, damit weniger Menschen erkranken. Gesunde Nahrung wachsen kann. Menschen länger leben, die Kassen entlastet sind. Bewohner gefährdeter Gebiete evakuieren. Wenn Gletscherschwund oder Tsunami ihre Heimat zu vernichten drohen. Für sie neue, sichere Standorte erwerben und finanzieren.

Vor allem sollten sie falsche Begriffe meiden: das Klima zu retten oder seinem Wandel den Kampf ansagen. Die Möglichkeiten des Menschen sind begrenzt. Setzen gemeinsames Handeln aller Staaten voraus, sollte es erfolgreich sein. Des Menschen Gehirn ist klein trotz Abermilliarden Nervenzellen, Neuronen genannt. Sein Charakter seit

Adam und Eva gespalten in gut und böse. Trotz Mondlandung und Exkursionen im Weltraum unfähig, sich selbst zu ändern. Maßt sich an, er könne von ihm selbst beeinflusste klimatische Veränderungen stoppen. Wie ein Auto starten und auf die Bremse treten, überquert eine Katze die Fahrbahn. Es bleibt ihm nur, Gutes zu tun. Nach dem Motto: es gibt nichts Gutes - außer man tut es. Was aber ist gut für alle?

Ist es das Gute, das Aristoteles meinte? Wetter kann es nicht sein. Es unterliegt atmosphärischen Bedingungen. Locker daher gesagt ist es auch nicht. Er meint das Gute im Menschen, das nicht einfach da ist, sondern Annäherung. Schritt für Schritt von neuen Erkenntnissen überprüft, um schlussendlich am Ziel Gutes tun zu können.

Wissen sei nach Aristoteles Voraussetzung, Gutes zu schaffen. Heute hat man den Eindruck, als sei alles bereits zu Ende gedacht, Beschlossen in Gesetzen, internationalen Abmachungen, Klima-Protokollen. Ist Ungeduld die Ursache solcher Denkweisen oder die Angst? Das rasante Tempo dieser Zeit, die häufigen Wechsel einschließt? Oder der Anspruch auf Meinungs-Führerschaft? Der Mensch kann es nur sein letzten Endes, Mensch mit guten und schlechten Eigenschaften.

Mensch ein soziales Wesen

Der antike Philosoph Aristoteles, ein Schüler Platons, konstatierte in seinem wissenschaftlichen Werk, der Mensch ist ein «Zoon Politicon». Will sagen, er ist ein soziales Wesen. Jeder ist auf einen anderen angewiesen. Physisch und Psychisch. Praktisch und intellektuell. Mehr noch emotional. Denn Dazugehören ist ein Grundbedürfnis, das eine Gemeinschaft vermittelt. Sicherheit und Vertrauen. Ob in Religion, Partei, Sport, Gesang oder Kegelklub. Einer Mode folgt aus demselben Grund. Auch der Eremit zieht sich zurück, ein neues Gegenüber zu finden. Sich gedanklich mit ihm auseinanderzusetzen. Vertrauen zu gewinnen. Die Geschichte der Menschheit beweist, Aristoteles' These ist Realität.

Eva fand zu Adam und gebar nach Abel und Kain noch viele Kinder. Die Familie entstand, Völker, Staaten, Dörfer, Städte, Vereine. Alle mit der Vorstellung, wir gehören zusammen. Sprechen die gleiche Sprache. Haben gleiche Primär-Interessen, die gleiche Kultur. Einig im Glauben an einen Gott und religiöser Praxis. Gemeinschaft macht uns stärker, politisch können wir mehr bewirken als der einzelne Bürger. Und alle in Grundsatzfragen einer Meinung. So wäre es im Idealfall.

Spielte nicht die Natur des Menschen eine entscheidende Rolle. Emotionen, eine ganze Gefühlsskala beeinflusst jedes Einzelnen Denken und Handeln. Mal positiv, mal negativ. Meinungen gewechselt alle Nase lang. Mal das Bedürfnis, in Frieden miteinander zu leben, mal den eigenen Vorteil wahrzunehmen. Auch mit Gewalt zu erzwingen, wenn Umstände es erfordern oder Machthunger sie treibt.

Sehnsucht nach Harmonie aber lebt in jedem Menschen, auch wenn er es nach außen nicht zeigt. Jeder, der sich erinnert, wird zugeben müssen, Streit, Missgunst erzeugen innere Spannung. Machen unzufrieden, unfähig, objektiv zu denken und zu entscheiden. Die Geschichte der Völker beweist, dass egoistisches Verhalten Neid und Machtgelüste zur Folge haben. Die zu Kriegen führten und immer noch führen. Denken wir an Syrien, Jemen, Ruanda mit Millionen unschuldiger Opfer.

Ungezählte auch, die ihre Heimat, ihre Freiheit verlieren. In den Familien drangsaliert werden, geprügelt, sogar umgebracht. Weil sie anderer Meinung sind. Bei Muslimen die Tochter, wenn sie keinen Moslem, sondern einen Christen liebt und heiraten will. Die Ehre ihrer Familie müsse gerettet werden. Sogenannte Ehrenmorde auch bei uns in

Deutschland finden keinen Richter, der die Täter verurteilen könnte. Weil ihre streng gläubigen Familien sie schützen. Schuld ihnen schwerlich nachzuweisen ist.

Seit der Koran, die Bibel der Moslems, von Salafisten, Dschihadisten falsch interpretiert wird, hat sich vieles geändert. In den Köpfen junger Männer geistert die Idee: Sprenge ich mich in die Luft, um Feinde Allahs zu töten, werde ich belohnt. Im Himmel warten zweiundsiebzig Jungfrauen, die mich verwöhnen werden. Ein Feindbild, das mit anderen Zielvorstellungen auch in den Köpfen vieler Politiker virulent ist.

Eine neuere Interpretation dieser oft zitierten Koranstelle lässt aufhorchen. Ganz andere Töne von modernen Religionswissenschaftlern, auch des Islam: Im Koran steht zwar, wer an Allah glaubt, muss seine Ehre verteidigen und deshalb seine Feinde töten. Es sei aber anders gemeint. Mohameds Religion will, wie die christliche, dass Menschen friedlich zusammenleben.

Andersgläubige töten heißt nicht, sie körperlich umbringen. Sondern sich bemühen, sie mit Worten zu überzeugen, dass Allah der größte ist. Gelingt es ihm, existiert er als Feind Allahs nicht mehr. Er ist tot im Sinne des Korans.

Nicht viel anders ist die These: «Auge um Auge, Zahn um Zahn.» Unvollständig zitiert aus dem Alten Testament. Viele nutzen sie verkürzt, um sich für Racheakte zu rechtfertigen. Der Herr aber sprach: «Vergeltet nicht Auge um Auge, Zahn um Zahn, sondern versöhnt euch.»

Feindbilder bestimmen heute Politik und Gesellschaft. Putin, Chomeini, Flüchtlinge an den Grenzen, Muslime generell, die AfD. Woran mag es liegen? In jedem von uns ist Gut und Böse immanent. «Zwei Seelen wohnen, ach, in meiner Brust» klagt Goethes Faust. «Oh lerne nie die andre kennen», warnt derselbe Faust. In Grenzfällen denkt ein jeder, ich bin gut. Zeigt mit dem Finger auf einen, der böse zu sein hat. Flüchtling und Muslim obendrein. Weil er anders ist. Einig mit denen, die als sogenannte Verfechter des Guten das Böse bekämpfen, wo immer es ist. Meinungen beherrschen politisches Handeln, nicht Tatsachen. Begründet mit sogenannten Meinungsumfragen.

Unberücksichtigt, dass Meinungen sich täglich ändern. Beeinflusst von persönlichen Erlebnissen, Vertretern bestimmter Interessen. Mehr noch von Meinungsmachern in Medien und im Internet. Politik aber wäre ohnehin nicht flexibel genug, ihnen zu folgen. Leicht entständen Verhältnisse wie in der Weimarer Republik nach dem ersten Weltkrieg. «Das Parlament eine Quatschbude», lästerte Hitler 1933 und gewann die Wahl.

Man wirft der AfD vor, undemokratisch zu sein. Vergisst oder verdrängt aber, dass Menschen die AfD demokratisch gewählt haben. Und ganz bestimmt Gründe dafür gehabt. Nicht die Parolen dieser Partei sind Ursache für die große Zahl ihrer Wähler. Sondern unleugbare Fakten: Viele Bürger, vor allem in der ehemaligen DDR sind bis heute benachteiligt.

Kurz nach der Wiedervereinigung erwarben betuchte westdeutsche Bürger Firmen, Ländereien und Immobilien für Appel und Ei. Das große Geld damit zu machen. Betriebe, Fabriken modernisiert oder liquidiert. Millionen ehemals Beschäftigte waren arbeitslos. Häuser modernisiert, sodass ihre Bewohner die höheren Mieten nicht mehr bezahlen konnten, obdachlos wurden.

Bis heute fühlen sie sich ungerecht behandelt. Junge, gut ausgebildete gingen in den Westen. Zurück blieben Ältere und Unqualifizierte, die jetzt die AfD gewählt. In der Hoffnung, es könnte wieder so sein, wie es vorher einmal war. Auch hier eine Solidargemeinschaft der Benachteiligten. Ihre Meinung geprägt von gemeinsamen Erfahrungen.

Aristoteles hat Recht, der Mensch sei ein Gemeinschaftswesen. Jeder ist angewiesen auf andere. Sein Charakter aber auch angelegt, Gutes zu tun, wenn Wissen ihn überzeugt. Moralische Pflicht bei denen, die Verantwortung für andere haben.

Es muss gerecht zugehen. Platon und Aristoteles, in diesem Buch schon öfter zitiert, hielten Gerechtigkeit für den Inbegriff der Tugend schlechthin. Wie sieht es in der Praxis aus? Immer schon, auch heute erwarten Politiker, dass Menschen den Staat und seine ausführenden Organe akzeptieren. Tatsache aber ist, immer mehr bleiben Wahlen fern, weil sie Versprechen der Politiker nicht mehr glauben. Zu oft schon wurden sie enttäuscht. Besonders die Menschen in Ostdeutschland. Sie mussten in den letzten Jahrzehnten erfahren, sie sind abgehängt. Ihre Rente geringer als im Westen immer noch. Weil Bürokraten in den Ministerien westliche Maßstäbe anlegen. Im Sinne eines vereinigten Deutschlands also nicht gerecht verfahren.

«Wir wollen sein ein einig Volk von Brüdern - in keiner Not uns trennen und Gefahr»

heißt es in Schillers «Tell». Man könnte die Schweiz zum Vorbild nehmen. 8,7 Millionen Menschen leben in 26 Kantonen, sprechen vier verschiedene Sprachen: Deutsch, Französisch, Italienisch und Romanisch. Und trotzdem herrscht Einigkeit und Wohlstand im ganzen Land. Brüder und Schwestern im Osten des vereinigten Deutschlands aber verelenden. Statt ihnen Gerechtigkeit widerfahren zu lassen.

Als Folge der Politik in Bonn und Berlin müssen Läden schließen, weil die Kaufkraft niedrig. Ganze Landstriche entvölkert, Straßenzüge. Ärzte fehlen, Polizisten, Rechtsanwälte. Grotesk, dass Politiker sich noch erdreisten, vom Segen der Wiedervereinigung zu reden. Kohl hatte blühende Landschaften versprochen. Es gibt sie da und dort in städtischen Agglomerationen. Aber auf dem Land herrscht vielfach Armut und trostloser Alltag. Ob man es wahr haben will oder nicht, die AfD profitiert als einzige davon.

Menschen suchen Übereinstimmung mit ihresgleichen. Fühlen sich verstanden. Und merken nicht, dass auch AfD- Politiker nichts anderes im Kopf haben, als Macht zu erringen. Das Dilemma ist groß und nichts deutet darauf hin, dass es sich ändert. Im Parlament und in Interviews wirft man der AfD undemokratisches Verhalten vor, nationalistisch, rassistisch zu sein. Die Grenzen schließen zu wollen, um eine Islamisierung Deutschlands zu verhindern.

Wo ist im Deutschen Bundestag ein Politiker, der nicht die AfD beschimpft, sondern sie ad absurdum führt? Mit intelligenten Fragen in Widersprüche verwickelt. Oder einer, der beim Flüchtlingsthema offen seine Meinung äußert. Nicht von Geld, Quoten und Maßnahmen redet. Fehlendes gesamteuropäisches Konzept bedauert. Sondern Worte des Mitgefühls äußert und nicht mit technokratischen Begriffen um sich wirft. Humanere Gesetze vorschlägt, sich für finanzielle Hilfe einsetzt. Endlich Worte und keine Phrasen. Worte, die alle verstehen. Bei Flüchtlingen Hoffnung wecken. Trotz ihres Elends haben viele von ihnen ein Smartphon. Sie wissen, wie Europa über sie denkt. Was ihre Politiker planen.

So komplex und wahrlich kompliziert das Flüchtlingsthema auch ist: es sind Menschen wie du und ich. Menschen, die nichts anderes wünschen, als Menschen wahrgenommen und behandelt zu werden. Menschen, die laut Aristoteles, Teil einer Gemeinschaft sein wollen. Nachdem sie diese Community in ihrer Heimat verloren haben. Politisch verfolgt fliehen mussten. Aus wirtschaftlichen Gründen gekommen, um bessere Arbeitsbedingungen zu haben. Von denen sie und ihre Familien leben können. Ihre Kinder eine bessere Zukunft haben.

Es kommen aber auch solche, die hier mit Terror-Attacken Unschuldige umbringen. Sie zu erkennen ist ein Problem. Islamisten haben überall Freunde oder Sympathisanten, mehr als der Staat weiß. Die Eingeschleusten lassen per Email oder Video wissen, sie seien beauftragt, Allahs Feinde umzubringen. Nicht der islamische Glaube ist die Gefahr, sondern Menschen, die ihn zum Anlass nehmen, Macht über das Leben anderer zu haben. Niederste Instinkte zu befriedigen. Wie auch Päpste der katholischen Kirche viel zu lange Macht ausübten statt zu dienen. Von wenigen Ausnahmen abgesehen.

Der Polnische Papst Johannes Paul II. einer, der Menschen nicht bekehren wollte, sondern ihnen als Mensch begegnen. Abertausende umarmte er auf seinen Reisen. Fand tröstende Worte in vielen Sprachen der Welt. Und jeder von ihnen fühlte sich verstanden. Harmonie schien eingekehrt, der Abstand zwischen Oben und Unten keiner mehr. Vielleicht muss auch ein Papst die Diktatur erleben, um Mensch zu bleiben. Wie Karol Wojtyla in Polen, seinem Heimatland.

Meinungen wechseln

Ist Harmonie als Grundbedürfnis des Menschen überhaupt erreichbar? Nicht eher eine Utopie? Solange das Böse im Menschen existiert? Jeder sich selbst der Nächste ist? Auf seinen Vorteil bedacht, ohne Rücksicht auf andere? Die allgemeine Meinung scheint dem zurzeit zu widersprechen. Altruistische Tendenzen sind in Mode. Wie so vieles, das kommt und wieder vergeht.

Political Correctness seit Jahren benutzter Begriff. In Parlamenten und öffentlichen Auftritten von Politikern ungeschriebenes Gesetz. Sogar Firmensprecher müssen ihre Worte abwägen. Bloß keine eigene Meinung äußern, die ein anderer als Beleidigung auffassen könnte. Gute Menschen all überall, schließt man die Augen. Als herrsche Harmonie. Harmonie, die keine ist. Denn wahre Harmonie ist kein Zustand, der anhält. «Panta Rhei» sagten die alten Griechen: Alles fließt, kommt und geht. Nichts bleibt, was es ist. Auch Harmonie muss immer wieder neu entstehen, ja entwickelt werden. In Gesprächen, Diskussionen, dem Austausch vieler verschiedener Meinungen. Wie eine Bouillabaisse nur schmeckt, wenn Meersalz, Knoblauch, Kräuter der Provence und eine Rouille sie würzt.

Das Klima retten wird zur Religion. Als Greta Thunberg, ein 16jähriges schwedisches Mädchen, forderte: Schluss mit allen schädlichen Emissionen. Geschickt nutzt sie Twitter und Instagam, um Gleichgesinnte zu gewinnen. Tritt auf in Davos, den Mächtigen dieser Welt ihre Meinung zu sagen. Die halbe Welt scheint ihre übernommen zu haben, weil es «In» ist, das Klima zu retten. Ob dies eine Mode und länger aktuell ist als andere, hängt von der Durchschnitts-Temperatur ab. In der Atmosphäre und in den Köpfen der Menschen.

In allen Medien, in allen Gehirnen scheint die Sehnsucht nach natürlichen Lebensmitteln Konjunktur zu haben. So wie der ein oder andere sie noch kannte. Bevor technischer Fortschritt und Gewinnstreben viele künstlich herstellte oder natürliche angeblich optimierte. Aromen verstärkte, Lagerzeiten verlängerte, Kochvorgänge abkürzte.

An vielen Orten dieser Welt bauen Landwirte nach alten Methoden an. Züchten alte Sorten, die trotz heißen Klimas gesund gedeihen und sich vermehren. Andere bauen vergessene Wein- und Obstsorten wieder an, mit unverwechselbarem, typischem Geschmack. Verarbeiten Milch von Kühen, Ziegen und Schafen nach überlieferten Rezepten zu Käse, der besser schmeckt und gesünder ist als Massenware. Noch aber hat das alles die Gewohnheiten der Menschen nicht nachhaltig verändert.

Aber ein neues Bewusstsein entstand. Als wäre die These «Reture à la natur», die dem französischen Philosophen «Jean Jacques Rousseau» zugeschrieben wird, wieder aktuell. Es war damals der Zeiten Geist, die Natur neu entdeckt auch von Malern und Schriftstellern. Die Existenz traditionellen Handwerks, des wichtigsten Wirtschaftszweiges, bedroht von mechanischen Herstellungsprozessen.

Heute scheint die Rückkehr zur Natur regelrecht Mode geworden zu sein. «Bio» ihr einprägsamer Name. Bio ist Natur pur. Ein Angebot, das Erzeugern und Handel Umsatz und höheren Gewinn verspricht. Weil man es jetzt endlich von industriell erzeugten Produkten unterscheiden kann. Landwirtschaft und Industrie überschlagen sich in Beteuerungen, dass Bio gesund und deshalb besser sei. Belegen es mit nicht nachvollziehbaren Testaten.

Bio ist im Sinne des Wortes «In». Natürlich gewachsen, sorgfältig hergestellt. Gesund ohne fremde Geschmacks- und Frischhaltestoffe. Beworben in allen Läden, auf allen Kanälen, sodass man es glauben muss. Auch wenn noch lange nicht überall Bio drin ist, wo Bio drauf steht. «Food-watch» hat es ermittelt. Wen aber kümmert 's? Es muss doch stimmen, wenn alle es für Bio halten. Oder glauben sie es sogar?

Ein Eindruck entsteht, der Mensch ist gut, er muss es nur wollen. Als hätte nicht die Bibel recht, Psychologie, Soziologie, Anthropologie das Gegenteil längst bewiesen. Es für nötig gehalten, mit Medikamenten und Therapien das Böse im Menschen zu bekämpfen. Denken und Handeln irregeführter Menschen zu normalisieren. Was aber ist normal? Der gute Mensch Wirklichkeit oder Vision? Gut vor zweieinhalbtausend Jahren als Tugend gepriesen von Platon und Aristoteles? Nähme man sie ernst, wüsste man, dass gute Absicht nicht reicht. Der Mensch muss seine Pläne mit Vernunft und Ausdauer abwägen und jeden Schritt ständig überprüfen. Bevor Gutes für sie selbst und andere daraus wird.

Die Antwort der Religionen

Seit Anbeginn fürchten Menschen das, was sie sich nicht erklären können. Naturkatastrophen und Krankheiten z. B. Auf der Suche nach Hilfe in prekären Situationen dürfte die Meinung geherrscht haben, Geister oder Götter könnten ihnen helfen. Unsichtbare Auslöser solcher Katastrophen müssten wissen, wie man sie vermeidet oder ihnen entgeht. So entstanden Religionen, die ihnen Antworten geben. Hier sollen nur die größten Religionsgemeinschaften und ihre Charakteristika beschrieben werden. Keine der ungezählten sektiererischen Vereine und Klubs.

1. Die Römisch-Katholische Kirche.

Im Dezember 1563 beschloss das Kardinalskollegium auf dem Konzil in Trient neben Sakramenten, Eucharistie und Erlösung auch die «Erbsünde» als Dogma - Glaubenswahrheit - in ihre Lehre aufzunehmen. Im Heilsplan Gottes vorgesehen, um die Erlösung des Menschen durch den Jesus, den Sohn Gottes, zu rechtfertigen. Notwendig erschienen der Kirche diese Dogmen, um sich vom rasch ausbreitenden Protestantismus zu unterscheiden.

Mit Dogmen zu beweisen: wir sind die wahre Kirche Christi.

Nun gilt es festzuhalten, dass das Kollegium und der Papst selber sündige Menschen waren. Wie alle, für die das Dogma der Erbsünde verbindliche Glaubenswahrheit ist. Auch wenn der Klerus sich am liebsten als Ausnahme dieser Regel verstand. Typisch Mann, nur nicht unterordnen, herrschen die Devise. Ausnahmslos Männer sind es, die die katholische Kirche bis heute repräsentieren. Aus männlicher Sicht regieren. Lange Zeit der Meinung, den wahren Glauben auch mit Gewalt verteidigen zu müssen. Ausnahmen die Pfarrer vor Ort.

Den Dominikanermönch Girolamo Savonarola verurteilte die Kirche 1498 als Ketzer zum Tod auf dem Schafott. Nachdem er zur Buße aufforderte, die Kirche reformieren wollte. Andere Ketzer starben auf dem Scheiterhaufen. Auch Frauen, Hexen genannt, weil sie Worte geäußert, die der Kirche ganz und gar nicht gefielen. Der Teufel habe sie ihnen eingegeben. 40.000 bis 60.000 Opfer in Europa werden geschätzt. Eingeschlossen auch, die sich schuldig bekannten. Durch Folter auch Frauen gezwungen, sich schuldig zu bekennen. Der legitime Grund, sie bei lebendigem Leibe zu verbrennen. Denn dieses Verfahren war im Rechts-System vieler Länder legitim, in Gesetzen veran-kert. Wie bei den Nazis vierhundert Jahre später.

Jeder weiß, Priester, selbst höchste Würdenträger der katholischen Kirche sind keine Heiligen. Sie werden wie jeder normale Christ ihre Sünden be-kennen und büßen. Die Beichte ist nicht ohne Grund ein Geheimnis, das auch die Männer der Kirche schützt. Ihre Sünden wurden und werden ihnen vergeben. Von Schuld katholischer Priester erfuhr man jahrhundertelang nur aus Gerüchten. Gedeckt oft von ihren Opfern. Aus Angst, bestraft zu werden oder die Gunst ihrer Peiniger zu verlie-ren.

Mittlerweile werden Päderasten ihrer Ämter enthoben. Staatlichen Gerichten übergeben, sie zu verurteilen. Nachdem eine aufgebrachte Öffent-lichkeit sie dazu gezwungen. Ob ihnen ein gnädi-ger Gott verzeihen wird, steht in den Sternen.

Ob eine Frau als Päpstin das Dogma der Erbsünde unterschrieben hätte, ist offen. Dominikaner-mönch Martin von Trappau bestätigte 1277 die Legende der «Päpstin Johanna». Sie soll im 11. Jahrhundert die Tiara getragen und die Kirche ge-leitet haben. Noch im Spätmittelalter um 1300 genoss sie große Popularität. Schwanger soll sie gewesen sein und während einer Fronleichnams-Prozession entbunden haben. Anlass für Gerüchte, die als Geschichten kursierten. Wer mag der Erzeuger dieses Kindes gewesen sein? Ihr Privatsekretär? Der Hofprediger? Botschafter Indiens? Ein Freund aus Kindertagen?

Historiker wiesen nach, dass es keine Belege für die Existenz dieser Päpstin gibt. Johanna nichts anderes als die Figur einer Legende. Eine der Szenarien, in denen damals Ausnahmefälle beschworen wurden. Um die Wende des 14. zum 15. Jahrhundert sollte die Welt untergehen. Die Prophezeiungen aus der «Apokalypse» des Apostels Johannes in die Gegenwart geholt. Das Ende der Welt beschworen. Von allen Kanzeln rief es: tut Buße, denn das Ende allen irdischen Lebens stehe bevor. Fürchtet das «Jüngste Gericht». Will sagen das letzte, bevor die Welt untergeht. Von Gott einberufen, zu belohnen und zu bestrafen. Die Guten kommen in den Himmel. Die Bösen werden auf ewig im Feuer der Hölle schmoren.

Bilder der «Apokalypse» in Kirchen und Palästen. Von den größten Künstlern ihrer Zeit entworfen und in über hundert Meter langen Tapisserien, Wandteppichen, verwebt. Anschauungsmaterial brutalster Art. Die berühmtesten im Schloss von Angers an der Loire. Sieben Prüfungen muss der Mensch bestehen. Reiche, Könige und Unzüchtige müssen Qualen erleiden und in der Hölle schmoren. Die Gottes Gebot beachten, werden nicht sterben, sondern im himmlischen Jerusalem ewig leben. Ähnlich Aristoteles' Schritte zum Guten und Dantes Wege zum Himmel in seiner «Divina Comedia». Es war der Zeiten Geist.

«Totentänze» auf Mauern von Klöstern und Friedhöfen. Erinnern an Sterben und Tod. Drastisch gemalte Warnung: der Tod tanzt mit jedem. Wer der Hölle entgehen will, muss seine Sünden büßen. Die Geschichte einer Päpstin passte zu den Vorstellungen Unwissender, die sich eine Frau als Päpstin wünschten. Litten sie doch unter dem Diktat der Männer, als Ehefrau, Tochter oder Stallknecht.

Papst «Alexander VI.», erst viel später bekannt als Frauenfreund. Doch zu seiner Zeit, der aufgeklärten Renaissance, nicht ungewöhnlich aufgefallen. Auch in kirchlichen Kreisen toleriert. «Roderic de Borgia», so sein Familienname, arbeitete jahrzehntelang darauf hin, die «Tiara» zu erlangen. Die dreifache Krone des Oberhauptes der katholischen Kirche. Bis er am 11. August 1492 als Papst aus dem Konklave hervorging.

Dem weiblichen Geschlecht war Roderic trotz seiner Kirchenwürden sehr zugetan. Verbarg dies kaum vor der Öffentlichkeit, typisch für das Lebensgefühl der Renaissance. Lediglich sein damaliger Chef, Papst Pius II. rügte ihn wegen seines Sexuallebens. Mit «Vanozza de´Cattanei» lebte er während seiner Zeit als Prälat zwanzig Jahre zusammen. Drei Kinder entsprangen dieser Liaison: Giovanni, Cesare und Lucrezia. Alle wurden mit Adelstiteln versorgt. Die Macht der Borgia zu vergrößern.

Lucrezia war die Vertraute ihres Vaters. War er mit anderen Dingen beschäftigt, überließ er ihr das Geschäft als Oberhaupt der Kirche. Verheiratete sie dreimal. Ließ sie vom ersten Ehemann scheiden, den zweiten ermorden. Ihren letzten Ehemann Graf «Alfonso d 'Este» duldete er bis zu ihrem Tod 1519. Positive, typisch weibliche Ergebnisse aus ihrer Tätigkeit als Stellvertreterin des Papstes sind nicht bekannt. Ihre Meinung wird die ihres Vaters gewesen sein. Der aufkeimende Protestantismus machte ihnen große Sorgen. Luthers Protest gegen den «Peterspfennig» gerade zwei Jahre her.

1517 protestierte Augustinermönch Martin Luther gegen den als Peterspfennig geschönten Ablasshandel. Gläubigen wurde die Vergebung ihrer

Sünden versprochen, wenn sie dem Papst in Rom eine Münze opferten. Anfangs für den Erhalt kirchlicher Einrichtungen und die Finanzierung sozialer Hilfswerke. Mönch Johann Tetzel wanderte durch die deutschen Lande, Meinungen zu beeinflussen und Geld locker zu machen:

«Wenn die Münz im Kasten springt - die Seele in den Himmel springt».

Die Kirche Gottes bis heute unter anderem auch ein Geschäft. Der aktuell gespendete Peterspfennig ein Skandal. Nur 10 % sollen wohltätigen Zwecken dienen. Der Rest Haushaltlöcher des Vatikans stopfen oder in dubiose Investments fließen. Die Römisch-Katholische Kirche scheint es in ihrem Selbstverständnis nicht zu erschüttern. Denn sie ruht auf den Grundfesten eines Glaubens. Sprich Meinung oder Überzeugung über das Wirken Gottes in dieser Welt. Die Beziehung des Menschen zu diesem Gott in drei Personen muss unverändert erhalten werden. Ein Glaube, eine Überzeugung, eine Meinung.

Wie schwach diese Indoktrination mittlerweile geworden ist, weiß jeder aus eigener Erfahrung. Die Kirchen leeren sich zusehends. Da und dort erheben sich Puristen, wie zu allen Zeiten. Sie mahnen, dem Ursprung, dem Leben Jesu in Armut und Nächstenliebe zu folgen. Ob es Ungläubige zu Gläubigen im Sinne dieses Jesus macht? Sind Menschen unzufrieden mit dem System, auch mit einem kirchlichen, treten sie aus oder wenden sich einer anderen Religion zu. Allein vier der fünf größten Religionen in aller Welt bieten neue Inhalte, andere Zeremonien. Stiften Sinn.

Protestantismus verbreitet in Deutschland, der Schweiz und im angelsächsischen Raum. Das Judentum bereits etwa 1200 v. Chr. von Moses verkündet. Buddhismus im 6. Jahrhundert v. Chr. entstanden. Islam, die zweitgrößte Religionsgemeinschaft. Von Mohamed um 600 n. Chr. verkündet.

Die Geschichte der katholischen Kirche ist eine Folge zentral gesteuerter Meinung.en Im Laufe der Jahrhunderte zumindest formal verbindlich für immer mehr Menschen geworden. Nicht nur in Glaubensfragen. Heute sind es 2,1 Milliarden, die laut Taufschein dieser Kirche angehören. Die größte Kirchen-Gemeinschaft der Welt. Vor Islam und Hinduismus. 2011 wurden 71 Millionen Bibeln weltweit gedruckt. Das Wort Gottes nach Meinung des Vatikans. Immer noch gelten die Dogmen, wenngleich immer weniger Katholiken daran glauben. Geschweige denn sich an sie halten.

Auch Frauen wollen mehr als in der Messe das Glaubensbekenntnis vorlesen. Sie wollen wie Männer die Eucharistie feiern. «Maria 20», eine neue Bewegung, die Frauen an die Altäre bringen will. Mit allen Rechten und Pflichten wie die Männer. Rom scheut sich, Stellung zu nehmen. Der derzeitige Papst Franziskus verspricht, es in einer Kommission prüfen zu lassen. Der Sonderfall Amazonien wird noch diskutiert. Die konservative Kurie aber verweigert sich.

Nicht abzustreiten die segensreiche Rolle von Nonnen, Missionarinnen. Aber am Grundsatz ändern sie nichts. Sie dienen gerne, aber sie dienen. Das Sagen haben die Männer. Ihre Meinung ist sakrosankt.

Von nicht geringem Einfluss auf die Religiosität der Menschen sind feierliche Gottesdienste. In festlichen Gewändern, Weihrauch geschwängerte Hochämter an Sonntagen. Weihnachten und Ostern von Chor, Orchester und Orgel gespielte Messen berühmter Komponisten, Mozart, Beethoven und Bruckner. Besucht auch von solchen, die nicht mehr regelmäßig die Sonntagsmesse besuchen. Der Stimmung wegen. Eines momentan befriedigenden Gefühls der Zugehörigkeit. Beweis für Sokrates' Definition des Menschen. Ebenso bei Prozessionen zu Ehren eines Heiligen. Wallfahrten nach Neviges, Padua, Lourdes und Santiago di Compostella und vielen Pilgerstätten in fast allen Ländern der Welt. Sie sind Teil des Volkstums geworden.

Und damit auch von großer Wirkung auf die Meinung der Menschen. Es soll nicht der Eindruck entstehen, die Kirche habe Wallfahrten angeordnet oder sogar anbefohlen. Kein Papst, kein Bischof konnte verhindern, dass Menschen ihrem Glauben auf diese Weise Ausdruck verliehen. Veranlassung meist ein Unglück. Ein heißer Sommer, der die Ernte verdarb. Eine Krankheit, die Hunderte hinraffte, Pest und Cholera, ein Bergrutsch, der das Dorf mit ihren Bewohnern verschüttete. Menschen bei Hochwasser und Überschwemmungen ertranken.

Menschen glauben an Übernatürliches. Also kann auch nur Übernatürliches ihnen helfen. Überzeugt, es hilft ihnen Gott oder ein Heiliger. Sankt Andreas z. B. Schutzpatron der Stadt Amalfi, damals vom Fischfang reich geworden. Der Pfründe wegen immer wieder von Piraten überfallen wurde. Zu dessen Ehren wird einmal im Jahr das Fest des Heiligen begangen. Feierlich zieht die Prozession mit dem Bischof unter einem Baldachin, Priester,

Kirchenvorstand und Gläubigen vom Dom bis ans Meer. Die 88 Stufen vor dem Portal hinunter durch die engen Gassen der Stadt bis zum Hafen.

Auf den Schultern acht starker Männer die vergoldete, achtzig Kilogramm schwere Statue des Heiligen Andreas. Glocken läuten, Musikkapellen mit ihren Blasinstrumenten steigern die Stimmung, dass es lärmt. Von den Bergen ringsum widerhallt in die offenen Fenster. Ein Auto-Korso fährt hinter den letzten Menschen auch bis ans Meer. Den Segen des Heiligen nicht nur für die Fischer zu erflehen und Schutz vor Überfällen. Auch für unfallfreies Fahren im nächsten Jahr. Ähnlich den Auto-Segnungen im Namen des Heiligen Christophorus in Deutschland.

Besonderes Merkmal der römisch-Katholischen Kirche ist ihre Bildersprache. Mit Ausnahme der Orthodoxen Kirchen die einzige, die ihren Glauben den Menschen nicht nur im gesprochenen Wort, viel mehr noch in Bildern vermittelt. Bilder, die jeder versteht, weil sie die Lebenswirklichkeit jeder Zeit darstellen. Die Gottesmutter Maria bis heute wie jede Mutter, die ihren Säugling auf den Armen wiegt. Gottvater im Mittelalter wie man sich Kaiser vorstellte. Auf einem Thron mit Krone, das Zepter in der rechten, die Erdkugel in der linken Hand. Umgeben oft von einem Hofstaat mit Engeln und Erzengeln.

Jesus, seinen Sohn am Kreuz, das Wunder von Auferstehung und Himmelfahrt 1516 von Mattias Grünewald gemalt. Eindrucksvoll auf zwei feststehende und vier drehbare Flügel des «Isenheimer Altars» im elsässischen Colmar. Über Gottvater schwebt eine Taube, Symbol des Heiligen Geistes. Erst im 19. und 20. Jahrhundert modifizierten Künstler das Bild Gottes. Chagall, Nolde zwei der bekanntesten.

Bisher ist noch keiner der Interpreten auf die Idee gekommen, Gottvater als Präsident der Europäischen Union oder Generaldirektor eines Unternehmens darzustellen. Um ihn für heutige Christen vorstellbar zu machen. Die Trennung von Kirche und Staat im 19. Jahrhundert hat auch in den Köpfen der Gläubigen stattgefunden. Jeder hat den Gott im Kopf, der ihm sympathisch ist.

Außer Bildern Gottvaters und Jesus, seinem Sohn in Kirchen und Klöstern könnte man ganze Containerflotten mit Heiligenbildern füllen. Bilder der insgesamt 7.400 Heiligen und Seligen. Von großen Altarbildern bis zum Heiligenbildchen in der Hand von Kindern. Bilder der Gottesmutter Maria in der weitaus größten Überzahl.

Ist es der Glaube, der Berge versetzt oder die Hoffnung? Mehr als eine Meinung jedenfalls, so scheint es. Obwohl glauben letztendlich auch nur bedeutet, eine Meinung zu haben. Psychologen erklären es mit der Sehnsucht des Menschen, sich Unerklärliches vorstellen zu können. Halt zu finden in einer sich stets ändernden Welt.

Rom schreibt ihre Meinung in Form von Glaubens-Gesetzen vor, um Irrwege zu vermeiden. Penetriert sie wie man heute Werbebotschaften penetriert, um Erfolg zu haben. In jeder Messe wird immer das gleiche Glaubensbekenntnis gebetet. Karl der Große, in Rom zum Kaiser gekrönt, befahl, dass jeder in seinem Reich das Vaterunser auswendig lernen müsse. Die Römisch-Katholische Kirche sieht ihre Aufgabe darin, ihre führende Rolle in der Welt zu erhalten und weiter ausbauen.

Wie die Geschichte zeigt, spalteten sich bei allen Religionen, auch bei der Römischen-Katholischen Kirche von Zeit zu Zeit andere ab. Weil sie die Bibel anders auslegten. Oder sich von Rom nicht mehr vorschreiben ließen, was und in welcher Form zu glauben ist.

2. Abspaltungen von der Römisch-Katholischen Kirche.

Gründe waren immer unterschiedliche Auslegungen in Glaubensfragen. Fragen der Organisation, der hierarchischen Ordnung. Des Zölibats von Priestern. Aber auch um weniger grundsätzliche Fragen zu Form und Ablauf des Gottesdienstes, der Verwaltung.

Kopten die ersten Christen, die missionierten. Zogen bereits um 60. n. Chr. nach Ägypten und praktizierten Christentum nach ihren Vorstellungen. Im Laufe der Zeit fanden sie feste Formen und Regeln: Für Kopten hat bis heute Christus eine Natur. Die Liturgie von Messe und Andacht gestaltet die ganze Gemeinde, nicht der Klerus wie bei Katholiken. Feierten unter dem Einfluss wachsenden östlichen Einflusses das Weihnachtsfest am Tag des Russisch-Orthodoxen Kalenders, der mit dem Julianischen identisch ist. Nicht denen des Gregorianischen Kalenders, den Papst Gregor VIII. 1583 veranlasste, weil der Julianische von einer ungenauen Zahl der Tage im Jahr ausging. Bis heute gilt der Gregorianische Kalender mit 365,2425, statt 365,25 Tagen überall. Außer in orthodoxen Ländern. Was ein Schaltjahr zur Folge hat. Die Koptische Kirche hat ein Oberhaupt wie die Katholiken. Der aber ist ein koptischer Bischof.

Als der Islam Ägypten erobert hatte, belegt die muslimische Regierung die Kopten mit einer Kopfsteuer. Sie sind bis heute unter den Muslimbrüdern immer noch diskriminiert und benachteiligt. Aber anfangs von der Bevölkerung, sogar von Priestern, willkommen geheißen. Weil viele Glaubensinhalte der 3000 Jahre alten Ägyptischen Religion mit der christlichen identisch sind: Gott als Mensch, Maria als Mutter Jesu, das Weiterleben der Seele nach dem Tod im Jenseits. Einzig verschieden die Namen: Gottvater ist in Ägypten Osiris, die Gottesmutter Isis, der Sohn Horus, die Seele RA. Neben zahlreichen ägyptischen Tempeln stehen koptische Kirchen.

Die damals keine Kopfsteuer zahlen wollten, wanderten aus. In mehreren Ländern Europas entstanden koptische Gemeinden. Insgesamt beträgt die Zahl koptischer Christen zwischen 15 und 20 Millionen Gläubige. In Deutschland das Kloster in Höxter an der Weser, ein gesuchter Ort der Meditation.

Sogenannte Altkatholiken gründeten eine eigene Kirche. Aus Protest gegen zwei Dogmen: «Die Jurisdiktion» - Vatikan als Führungsorgan aller Christen weltweit. Die «Unfehlbarkeit» des Papstes in der Lehre.

Die Evangelische Kirche spaltete sich ab, nachdem Luther gegen Geldgier des Vatikans, seine verdorbenen Sitten protestierte. Das Evangelium in die Mitte stellte und den bisherigen Luxus in Kirchen und Klöstern verurteilte. In evangelischen Kirchen sieht man keine Bilder. Ein großes Kreuz, oft ohne Korpus, und ein Podest für den Prediger. Bänke oder Stühle für die Gemeinde.

Alle Abspaltungen haben unterschiedliche Interpretationen des Glaubens als Ursache. Für Kopten besitzt Christus eine Natur. Im Gegensatz zur Katholischen und Protestantischen Kirche, die ihm zwei Naturen zuschreiben: Wahrer Gott und wahrer Mensch. Luther lehnte die Ohrenbeichte ab. Gott sei ein gnädiger Gott, der verzeiht. Die Kommunion nur ein Gleichnis der Gemeinsamkeit aller Christen. Die Hostie nicht Christi Leib. Andere Gründe führten in aller Welt zu neuen christlichen Kirchen.

Die Orthodoxe Kirche ist die größte der von Rom abgespaltenen christlichen Kirchen. Die erste um 400 n. Chr. im Byzantinischen Reich gegründet. Rom nannte sie abfällig Häretiker. Der Name Orthodox kommt aus dem Griechischen: «Orthos» = aufrecht, richtig. «doxa» = Verehrung, Glaube. Orthodoxie versteht sich katholisch, aber auch apostolisch. Als Nachfolge der Apostel Jesu. Folglich als die Urkirche, von der sich andere, auch die Römisch-Katholische Kirche abgespalten haben. Orthodoxe Kirchen sind keine Weltkirche wie die Römische. In vielen Ländern haben sich National-kirchen gebildet. Mit je einem anderen kulturellen Werdegang. Russisch- und Griechisch-Orthodoxe Kirche die bekanntesten. Mit einem Patriarchen, Erzbischof oder Metropolitan als Oberhaupt. Vor-steher, die sich als «Primus inter Pares» verstehen. Organisiert und verwaltet jeweils im Land.

Alle Nationalkirchen zusammen aber sehen sich theologisch als Vereinigung alles Seienden. Dazu bestimmt, Gott und die Schöpfung zu vereinen, und somit Gottes ewigen Plan erfüllen. Für die ganze Kirche bindende Beschlüsse werden auf Konzilen und Synoden getroffen, wie bei der Rö-mischen und Reformierten Kirchen. Die sieben Sakramente der Römischen Kirche haben sie über-nommen, als sich auch in eigenen Reihen Protes-tantismus ausbreitete.

Die Liturgie feiern sie mit gesungenen Gebeten. Orgel oder andere Instrumente sind nicht erlaubt. Mit der Begründung: Instrumente könnten nicht beten. Bekannt und beliebt bis heute die Russi-schen Männerchöre. Vielstimmige, von mächtigen Bässen grundierte Lobpreisungen des Allerhöchs-ten.

Neben der Römischen vermittelt die Orthodoxe Kirche den Glauben in vielen Bildern. «Wunderbar ist Gott in seinen Heiligen». Auf Ikonen gemalte Menschen, die sich durch ihr gottesfürchtiges Leben ausgezeichnet hatten. Wunder vollbracht haben sollen und deshalb vom Volk bis heute verehrt werden. Neben Erzengeln, Heiligen und Märtyrern hat die Gottesmutter Maria eine Vorrangstellung. Die von Wladimir gemalte Ikone ist die am meisten kopierte und damit verehrte Ikone im orthodoxen Russland. In Griechenland, Balkanländern und überall da beliebt, wo man die Gottesmutter verehrt. In vielen Wohnungen hängt eine Kopie oder ein billiger Druck.

Vielfältig die Gestaltung von Ikonen. Neben der Hauptfigur füllt schmückendes Beiwerk die Fläche. Dinge aus ihrem Leben. Auf vielen betont Blattgold wichtige Details. Gold, das Sinnbild für Ewigkeit. Quasi gesetzlich vorgeschrieben als Hintergrund bei der Darstellung Gottvaters oder seines Sohnes Jesus Christus. Hier ist der Maler an feste Regeln gebunden. Hält er sie nicht ein, verliert er seine Lizenz als Ikonenmaler. Sie betreffen Form und Farbe des Gesichts, insbesondere die Augen. Aber auch Frisur, Bart und Farbton der Gesichtshaut. Blattgold rundum unverzichtbar. Begründet wird diese Vorschrift mit der Unveränderbarkeit Gottes, dem ewigen, der immer derselbe ist und bleibt bis in alle Ewigkeit. Nur so wird das Bild den Beter überzeugen. Gleich, in welcher der orthodoxen Kirchen er sich befindet, ist es derselbe Gott, den er sieht.

Wechselnde Gottesbilder von Künstlern wie bei der Römisch-Katholischen Kirche bis heute verboten. Michelangelo wäre während der Ausmalung der Sixtinischen Kapelle mit Entzug der Lizenz daran gehindert worden, sie zu vollenden.

Das Verhältnis der Orthodoxen zum Staat ist ausgeglichen. Partnerschaftlich geprägt, abgestimmt im Sinne von «Harmonia». Im Gegensatz zur Trennung von Kirche und Staat in europäischen Staaten. Die im 19. Jahrhundert von beiden beschlossen, und gesetzlich verankert wurden.

Eine ganz eigene Form der Orthodoxen Kirche hat sich im Südosten Bulgariens erhalten. In Bulgari, einem Dorf am Fuße des Kamdscha-Gebirges findet im Juni jeden Jahres das «Feuerfestival» statt. Zu Ehren der Heiligen, die sie als Vermittler zu Gott verehren. In jeder Wohnung stehen viele, teils seit Generationen gehütete Ikonen auf einer Art Altar. Mit Blumen und brennenden Kerzen geschmückt. Alt und Jung glauben, dass sie durch Wasser und Feuer von allem Bösen befreit werden.

Zum Feuerfestival kommen Menschen aus allen Dörfern der Umgebung, sogar aus dem Ausland. Um zu erleben, was es nirgends mehr gibt. Die UNESCO hat dieses Festival als Weltkulturerbe ausgezeichnet. Es beginnt mit einem Gottesdienst unter Leitung eines Popen. Der Tag verläuft mit Gesprächen, Erinnerungen alter Menschen. Die Stimmung gelöst wie befreit von Alltag und allen Wirklichkeiten.

Nach Einbruch der Dunkelheit beginnen sogenannte «Nestinasi», Männer und Frauen in festlicher Tracht, zu tanzen. Von schrillen Dudelsackpfeifen und rhythmischen Trommeln in Trance versetzt. Hüpfen barfuß über eine mehrere Quadratmeter große Fläche mit glühender Holzkohle. Schwenken in ihren Händen die Ikone mit dem von ihnen verehrten Heiligen. Wie im Trance lächelnd hinüber, herüber und immer wieder. Ihren Gesichtern sieht man an, das Feuer wird sie befreien, das Böse aus Seele und Körper vertreiben. Zum Abschluss essen alle eine «Heilige Suppe» aus dem Fleisch eines frisch geschlachteten Schlafes.

Eines ist allen abgespalteten Kirchen gemeinsam: sie verhalten sich eher demokratisch. Lassen viele

Meinungen zu, sonst gäbe es sie nicht. Nicht so bestimmend wie die Römisch-Katholische. Obwohl Rom heute mehr Verständnis für Menschen unserer Zeit aufzubringen scheint. Abweichende Meinungen, wenn auch modifiziert, toleriert, da und dort Geschiedene wieder kirchlich verheiratet.

3. Der Buddhismus.

Diese Religion unterscheidet sich grundsätzlich von allen anderen. Sie kennt keinen Gott. Nur einen Himmel, den sie «Nirwana nennen. In den jeder gelangt, der sich der Meditation und der Askese widmet, um zu erwachen. Erleuchtet erkennt: Mein wirkliches Ich ist der Geist. Jenseits des Körpers, von Gefühlen wie Hoffnung, Angst und schlechten Erfahrungen. Weise Männer, die den Weg ins Nirwana mit ihren Ratschlägen weisen, nennt man «Buddha». Extreme vermeiden, den goldenen Mittelweg suchen, ihr Grundsatz. Die Forschung nennt vier Weise, die Buddha genannt werden. Sie unterscheiden sich nur durch verschiedene Stufen des Erwachens.

Im 6. Jahrhundert v. Chr. formulierte «Siddarta Gauotano» als erster die Buddhistische Lehre. Erläuterte, wie man aus leidgeprägtem Leben in verschiedenen Stufen des Erwachens ins Nirwana kommt. Ein Prozess, den in etwa derselben Zeit auch der griechische Philosoph Aristoteles formulierte. Das letztlich Gute sei nur in Stufen des Erkennens zu erreichen.

Weitere drei Buddhas verzeichnet die Forschung: «Shkayumi»Pratyeka zog durch das Riesenreich Indien und predigte 45 Jahre lang: Du musst aufwachen, wenn du ins Nirwana kommen willst. Sprach zu Menschen aus allen Schichten der indischen Gesellschaft. Ähnlich wie Jesus von Nazareth. Gründete einen Orden und versammelte Jünger um sich. 150 Millionen Anhänger zählt heute seine Religion mit Schwerpunkt in Indien.

«Pratyeka» ein Buddha, der die Wahrheit gefunden, aber anderen Menschen nicht weitergeben konnte. Ein sogenannt Einzel-Erwachter. «Sravaka» einer, der als Schüler eines Weisen buddhistische Lehre und Praxis kennengelernt, aber für sich behält. Als Buddha verehrt wird, weil er sie gelebt und bis heute ein Vorbild für andere ist.

Die Buddhistische Lehre spricht auch von Seele in allem, was lebt. Laut Laotischer Auslegung auch in Tieren. Der dort seltene weiße Elefant wird wie eine Himmelserscheinung verehrt. Jedes Organ im Leib eines Menschen habe eine Seele. Man müsse sie pflegen und aufpassen, dass ihnen kein Unglück widerfährt. Achtsam leben, sich gesund ernähren und eines Buddhas Weisungen folgen.

Alle Schriften sind in «Sanskrit» verfasst. Der heiligen Sprache der Hindus. Gesprochen bei allen Ritualen in Gottesdiensten, wie Latein in der Römisch-Katholischen Messe bis zum 2. Vatikanischen Konzil 1962. Sanskrit aber auch bei Hochzeit und Beerdigung. Immer steht im Mittelpunkt das Erwachen. Ein Leben lang nach einem Weg suchen, der zur Befreiung von allem Körperlichen, Sinnlichen führt.

Die Wahrheit erkennt, den Weg zum Heil durch Meditation und Askese. Mit allen Ausprägungen hat der Buddhismus heute mehr als 500 Millionen Anhänger. Nicht wenige Menschen reisen nach Laos, um von Buddha-Mönchen zu lernen, wie man ins Nirwana kommt.

Interessant die Weltsicht des Weisen «Zuhangzi», dessen Schriften aus der Zeit um 300 v. Chr. erhalten sind. Sie beweisen, dass der Buddhismus keine Religion im üblichen Sinne ist, sondern damals schon die Rolle eines Beraters spielte in Sachen

Sinnsuche. Lesen Sie seine Kritik an der Zivilisation:

«Solange Pferde als freie Tiere auf Steppen liefen, fraßen sie Gras, soffen Wasser. Haben sie Freude an einander, kreuzen sie ihre Hälse und reiben sie gegenseitig. Sind sie sich böse, drehen sie sich den Rücken zu, schlagen aus mit den Hufen. Darin bestand ihre ganze Kenntnis. Spannt man Pferde aber an die Deichsel und zwingt sie unters Joch, dann lernen sie, scheu umherzublicken, den Hals zu verdrehen, zu bocken. Dem Zaumzeug auszuweichen und die Zügel durchzubeißen.»

Den Urzustand der Pferde vergleicht Zuhangzi mit der Verfassung der Menschen im Goldenen Zeitalter. Bevor Heilige Moral und Sitte in die Welt brachten. Und damit die unschuldige Unmittelbarkeit des Lebens zunichtemachten:

«Bis dahin saßen die Leute herum und wussten nicht recht, was sie taten. Gingen und wussten nicht wohin. Nichts fehlte ihnen. Bis ihnen weisgemacht wurde, sie müssen nach der Etikette leben. Da erst begannen die Leute zu rennen und zu stolpern. In ihrer Sucht nach Erkenntnis fingen sie an sich zu streiten und bei der Jagd nach Gewinn. Bis kein Halten mehr war.»

4. Der Islam

Die zweitgrößte Religionsgemeinschaft der Welt mit 1,7 Milliarden Anhängern. Mit Schwerpunkt in ostasiatischen Ländern, Iran, Nordafrika, Balkan und der Türkei. Der Begriff «Islam» leitet sich ab vom arabischen «aslama», was bedeutet völlige Hingabe an Gott, den sie Allah nennen. Entstanden im späten 7. Jahrhundert n. Chr. Gründer Mohammed, der Prophet. Der mit dem längsten Namen aller Religionsstifter:

«Abu I Quasim Mohammed ibn 'Abd Allah ibn 'Abd al-Multalieb ibn Haschim ibn Manaf al-Quraschi».

Was die Bibel bei Katholiken ist der Koran bei Moslems. Gemäß islamischer Deutung die Rede Allahs, in der er sich Mohammed offenbarte. Und der aus diesem Grund ihr Prophet. Als Gesandter Allahs hat er Vorbildcharakter für alle Muslime. Gebote und Normen für das Leben, die sich aus den Texten ergeben, nennt man «Scharia».

In den Suren des Korans erkennt man Charakter und Eigenheiten des Islams. «Ich bin ein Moslem» bedeutet, Allah hat mich auserwählt. Ich verdanke diesen Glauben allein ihm. Es ist nicht mein Verdienst. Ähnlich die Bedeutung der Göttlichen Gnade bei Christen. Die Luther zum Grundpfeiler seiner Theologie machte. Nach Mohammeds Definition hat seine Religion bereits mit Abraham begonnen über dessen Sohn Ismael.

Der Islam definiert seinen Glauben mit Sätzen, die auch im Christentum gelten: Ich glaube an den einen Gott, seine Engel, seine Offenbarungen, Jesus und die Propheten. An das Jüngste Gericht, an dem die Guten belohnt, die Bösen bestraft werden. Auch Männer kommen in den Himmel, egal, wie sie gelebt haben. Wenn sie auf der schmalen Brücke vom Diesseits zum Jenseits ihre Sünden ehrlich bereuen. Tief unter ihnen züngeln die Flammen der Hölle.

Übrigens ist der Islam wie die Römisch-Katholische eine von Männern dominierte Religion. Gott und Allah sind Männer. Propheten, Priester, Imame Männer. Wie christliche, die sich auf Adam berufen, dünken sich auch männliche Muslime, höher in der Gesellschaft zu stehen als Frauen. Ihnen allein stände das Recht zu, zu bestimmen, was muslimisch ist oder nicht. Eine Meinungs-Diktatur seit Anbeginn.

Heute protestieren Jugendliche im Iran gegen Korruption, Vorteilnahme durch die Eliten. Frauen beginnen sich zu wehren. Verlangen Freiheit, den Koran der heutigen Zeit anzupassen. Sich

kleiden, wie es ihnen gefällt. Männerberufe ausüben. Durch Handy und Smartphon verbunden
mit der freien Welt. Wie Gläubige in der Römisch-
Katholischen Kirche. Ob sich bei beiden je etwas
ändert, was in Jahrtausenden gewachsen ist?

Im Iran dauern Verfolgungen Oppositioneller an.
Schon der letzte Schah «Mohammad Reza Pah-
lavi» war ein Diktator. Ajatollah «Chomeini versprach einen Gottesstaat und Befreiung vom Joch
eines weltlich orientierten Herrschers. Begeisterte
die Massen und kam 1979 an die Macht. Seitdem
kontrolliert eine «Glaubenspolizei» nicht nur die
Einhaltung religiöser Vorschriften. Auch den Alltag ihrer Bürger, die Kleidung, ihr Kommunika-
tionsverhalten. Ihre Meinung zu den Todfeinden
des Iran: Israel und USA.

Die Römischen-Katholische Kirche war vom
Spätmittelalter bis Ende des 18. Jahrhunderts die
einzige Macht, die weltweit ihre Meinung vom
Glauben durchsetzen konnte. Verfolgte in juristi-
schen Prozessverfahren alle, die anderen Glaubens
waren als sie. Oder verdächtigt, eine andere als die
kirchliche Meinung zu vertreten. Vorsitzender der
berühmt berüchtigten «Inquisition» war ein Bischof oder Abt. Menschen mit anderer Meinung

wurden als Häretiker verurteilt. Nachdem man sie aufgespürt und zu bekehren versuchte. Gelang es nicht, nahm man sie fest, verhörte und folterte sie, stellte sie vor ein Gericht. Das sie meist zum Tode verurteilte. Sogar den Wissenschaftler «Galileo Galilei» zwangen sie, abzuschwören. Weil er nachwies, die Erde drehe sich um die Sonne. Nicht umgekehrt, wie die Kirche meinte.

Ebenso berühmt ist die gewaltsame Übernahme Flanderns durch den spanischen König «Philippe II.» im Auftrag des Papstes. Er sollte die Bevölkerung bestrafen, weil sie von Rom abgefallen, Calvins Lehre gefolgt waren. Tausende Flamen mussten ihr Leben lassen. Der Papst beruhigt. Spanien Land und Zugang zu Nordsee-Häfen gewonnen. Die wichtigen Metropolen Amsterdam und Rotterdam. Finanz- und Handelszentren Europas.

Ebenso verbrecherisch die Ermordung von 4000 Hugenotten in Paris. Eingeladen zur Hochzeitsfeier ihres Königs «Heinrich von Navarra» mit der Tochter der katholischen Königin «Katharina di Medici». Nach Rücksprache mit ihren Beratern hatte sich Katharina entschieden, Rom zu folgen und nicht mitmenschlichen Erwägungen. Und sich die Einladung als Täuschungsmanöver ausgedacht. Die Täter unbekannte Haudegen. In der Nacht vom 23. auf den 24. August 1570 wurden die geladenen Hochzeitsgäste, allesamt Hugenotten, ermordet. Die Königin und ihr Hofstaat sahen dem Gemetzel vom Schloss aus zu. Einem Ereignis, das in die Geschichte einging als «Bartholomäusnacht». Heinrich von Navarra, der spätere französische König Henry IV., konnte fliehen.

Meinungsfreiheit ist heute selbstverständlich, offiziell jedenfalls. Im Grundgesetz demokratischer Staaten festgeschrieben. Dennoch sind es nicht nur religiöse Auffassungen, die sich bekämpfen. Selbst an Stammtischen führen gegensätzliche Meinungen zu Streit und Verlust von Freunden.

Manch einer mag der Meinung sein, die Buddhistische Lehre von «Harmonia» könnte das Problem lösen. Weltweit eingeführt Verpflichtung und Chance, miteinander auszukommen. Selbst und gerade dann, wenn unterschiedliche Meinungen aufeinanderprallen. Diese Lösung aber setzte Einfalt voraus. Acht Milliarden Menschen müssten der gleichen Meinung sein. Der Begriff Illusion reichte nicht aus, diesen Zustand nicht einmal annähernd zu beschreiben. Ein Glück, dass es Meinungsvielfalt gibt. Gott muss wohl gewollt haben, dass Menschen gut und böse denken und danach handeln.

Nicht nur friedliche Revolutionen veränderten Gesellschaften mit neuen Inhalten, Botschaften. 1789 standen Bürger auf gegen Adel und Kirche in Frankreich. Gewaltbereit und eines Sinnes sangen sie auf Straßen und Plätzen:

«Allons Enfant de la Patrie -le jour de Gloire est arrivé».
Liberté - Egalité - Fraternité!»

Auf, Kinder des Vaterlandes, der Tag des Ruhms ist gekommen. «Freiheit - Gleichheit - Brüderlichkeit» das Motto. Die Französische Revolution ging als Wendemarke in die Geschichte ein.

1917 revolutionierten Russen gegen den Zaren und seine Herrschaft. Unter Führung von Wladimir Iljitsch «Lenin» sollten Bolschewiki die Herrschaft übernehmen. Lenin war von Marx' Theorie der unterdrückten Masse überzeugt, riss Millionen Menschen in Russland mit. In anderen Ländern Europas kamen Sozialdemokraten an die Macht, Marx' Theorie umzusetzen. In Russland der Startschuss für die spätere UDSSR, Union Der Sozialistischen Staaten Russlands.

In beiden Ländern, Frankreich und Russland spielten die Kirchen nicht mehr ihre über Jahrhunderte wirksame Rolle. In Frankreich vom Staat

strikt getrennt. Auf Spenden angewiesen, Gebäu-
de, Priester und Mitarbeiter zu bezahlen. In der
Sowjetunion verfuhr man radikal, ermordete ca.
13.000 Priester. Der Rest floh in den Untergrund.

Ist Sozialismus nur Protest?

Hatte der Philosoph Karl Marx Recht, als er in seinem Buch «Das Kapital» feststellte, technischer Fortschritt hat Arbeitslosigkeit zur Folge? Proteste von Betroffenen die logische Konsequenz. Etliche Fälle bestätigten seine Theorie. Im 18. Jahrhundert machte die Mechanisierung der Webtechnik mit günstigeren Preisen viele kleine Handwerks-Betriebe in Deutschland zahlungsunfähig. Da Aufträge ausblieben, Mitarbeiter arbeitslos. Eine Arbeitslosen-Versicherung noch nicht geschaffen. Gerhard Hauptmanns Bühnen-Drama «Die Weber» bis heute auf Bühnen gespielter Protest gegen die Macht des Kapitals.

Frage: hat es die Duma in Russland fertig gebracht, die Herrschaft des Kapitals zu brechen? Milliardäre machen von sich reden, beeinflussen die Politik. Auch in europäischen Staaten, in denen Sozialdemokraten regieren. Aktienhandel und Banken können sie nicht verbieten. Mancher fragt sich, können Sozialdemokraten das Ideal des Sozialstaates realisieren bis zur letzten Konsequenz? Sind sie fähig, das neue Problem der Digitalisierung zu bewältigen? Es überhaupt zu Ende denken? Um Helmut Kohl zu zitieren: «*Entscheidend ist, was hinten herauskommt*».

Alle, auch die nach sozialistischen Prinzipien geführten Staaten kamen und kommen nicht umhin, ihre Botschaften zu formulieren. Ihre Idealvorstellung vom Staat so zu modifizieren, dass sie allen, nicht nur ärmeren Schichten der Bevölkerung gerecht wird. Menschen müssen also überzeugt werden, um einen Status zu erreichen, der allen gefällt. Bisher gelang es solchen Regierungen nie vollkommen. So wird es auch bleiben, weil die meisten Menschen eine eigene Meinung haben. Sie auch vertreten, werden sie nicht daran gehindert.

Auch kommunistische, also von Marx geprägte Diktatoren unterdrückten Widersprüche mit brachialer Gewalt. Mao Tse Dung setzte sich nur durch, als er seine politischen Gegner umbringen ließ. Über 34 Millionen waren es. Nicht viel weniger in der Sowjetunion unter Josep Wissarionowitsch Stalin. Derselbe ließ 1939 nach dem Nichtangriffspakt mit Hitler 6000 polnische Offiziere, Professoren und Gelehrte erschießen. Die gesamte polnische Intelligenzija. Möglichen Widerstand im Keim zu ersticken.

Diktatorische Systeme agieren radikal. Ihre Propaganda ist nur auf den Erhalt des Systems gerichtet. Forderungen von Menschenrechtlern interessieren sie nicht. Sie ignorieren sie und starten Gegenmaßnahmen. Widerstand im eigenen

Land könnte geweckt, das System gefährden, die Alleinherrschaft. Aber sie werden nicht müde zu betonen, sie selber sind das Gute. Alle anderen die Bösen. So entstanden und entstehen immer noch Feindbilder durch den Druck einer vereinheitlichten Meinung.

Die Naziherrschaft 80 Jahre her. Doch immer noch geistert in Köpfen dieses Einheitsbedürfnis. Das Verlangen nach unitären Lösungen, die alle Probleme lösen. Flüchtlingsproblem, inklusive der islamischen Gefahr. Der rasant wachsende Unterschied zwischen arm und reich. Die Einheit Deutschlands in Frieden. Europa, Sicherheit durch Zusammenhalt bei den einen. Europa, unser größtes Problem, bei den anderen. Jede Partei versucht, Menschen zu überzeugen, dass ihre Meinung die richtige ist. Eine Meinung für Millionen Individuen mit eigenen Präferenzen. Nicht zu leugnende Tatsache in allen gesellschaftlichen Gruppierungen.

Aber die Meinungsmache politischer Akteure ist die geringste, der wir ausgesetzt sind. Weil sie für immer mehr Menschen nicht mehr von existentieller Bedeutung ist. Die da oben machen ohnehin, was ihnen selber nutzt. Wahlerfolge populistischer Parteien die Konsequenz.

Neuerdings wird Sozialismus wieder heftig diskutiert. Das alles beherrschende Denken in geldwertem Vorteil zu bändigen. Oder als systemfeindlich zu verteufeln. Wie im Vorwahlkampf in den USA: Demokraten Joe Biden und Elisabeth Warren gegen den konservativen Trump. Der gefragt oder nicht, verhöhnt seine Kontrahenten als Feinde der Freiheit.

Andere versuchen an alte Ideale anzuknüpfen. Benachteiligte als Wähler zu gewinnen. Pedro Sánchez in Spanien. Der Juso-Vorsitzende in Deutschland, Kevin Kühnert. Er gewinnt zwar Sympathisanten, irritiert aber die eigene Partei. Noch traut sie sich nicht, weil sie selbst nicht zu wissen scheint, was sie will.

Nach Kriegsschluss 1945 wurde Deutschland in zwei Staaten geteilt. Eine westdeutsche Demokratie und eine ostdeutsche Parteidiktatur. Berlin die ehemalige Hauptstadt geteilt in zwei Hauptstädte: West- und Ost-Berlin. Der Osten Deutschlands hörig dem großen Bruder, der Sowjetunion. Der Westen angloamerikanischer bzw. französischer Vorstellung von Demokratie. Somit war das ehemalige Deutschland von zwei konkurrierenden Machtblöcken umklammert.

Im Westen nach demokratischen Grundsätzen, aber auch mit notwendig scheinenden Zwangsmaßnahmen, Genehmigungspflichten. Der Aufbau einer Demokratie musste funktionieren. Durch Kontrollen, Entnazifizierungsmaßnahmen, «Reeducation» genannt. Prozesse gegen Kriegsverbrecher eingeleitet. Aber auch Hilfe für Wiederaufbau und Versorgung der Bevölkerung mit Lebensmitteln. Inklusive Zigaretten und Schokolade. Verlagen schon bald erlaubt, Zeitungen zu drucken, zu verteilen. Den bisher gehorsamen Deutschen beizubringen, dass Demokratie Freiheit bedeutet. Frei, zu tun und zu lassen, seine Meinung äußern. Ohne wie bisher, wegen anderer Meinung sein Leben zu riskieren.

Im Westen hatte man sich rasch an diesen neuen Zustand gewöhnt und genoss ihn mit wachsendem Vergnügen. Zumal eine aufblühende Wirtschaft Wohlstand für immer mehr Menschen brachte. In Ost-Deutschland dagegen herrschte Planwirtschaft. Alles, aber auch wirklich alles wurde geplant, realisiert und kontrolliert. Abweichende Meinungen bestraft. Kontakt nur zu den Brüdern im Geiste. In der Sowjetunion und allen Vasallenstaaten des großen Bruders in Europa. Alles änderte sich oder blieb, was es war: Die subjektive Meinung des einzelnen Bürgers nur noch in Köpfen. Wer sie aussprach, selbst in privaten Kreisen, lief

Gefahr, denunziert werden. Meinungs-Diktatur herrschte. Hitler glaubte man überwunden zu haben, jetzt indoktrinierten kommunistische Parteien ihre Auffassung von Staat und Gesellschaft. Stalin in Moskau. Politbüros in Prag, Warschau, Budapest, Belgrad, Sofia, Riga, Vilnius, Helsinki und Ost-Berlin. Trotz augenscheinlicher Einheit brachte nichts, auch die Wirtschaft keine wirklichen Fortschritte.

Die Planwirtschaft in der DDR führte 1983 zum finanziellen Kollaps des Staatshaushalts. Der große Bruder verweigerte jede Hilfe. Auch Helmut Schmidt, deutscher Kanzler, weil Generalsekretär Erich Honecker ihn bei einem Treffen angelogen hatte. Sein Nachfolger im Amt, Kanzler Willi Brand, auch Mitglied der SPD, nahm Honeckers erneute Einladung zu einem Gespräch an. Überzeugt, miteinander reden ist besser als schweigen. Notwendige Voraussetzung für eine Annäherung beider deutscher Staaten. Seine Regierung bewilligte den Kredit für die DDR.

Die aber kam erst durch einen geschickten Schachzug der SED-Führung zustande. Sie schickte einen Mittelsmann, Wolfgang Vogel und den DDR-Devisenbeschaffer Schalk Golodkowski, Kontakt zu Franz Josef Strauß herzustellen. Einem, der nicht nur als großmäuliger Ministerpräsident Bayerns, auch als Kommunistenhasser bekannt war. Obwohl er als gläubiger Katholik hätte wissen müssen, dass Kommunismus und Kommunion nicht nur sprachlich miteinander verwandt sind. Dennoch, FJS überzeugte die Bonner Politiker, der DDR einen Kredit von über einer Milliarde D-Mark zu bewilligen. Mit der Begründung, dies werde als Zeichen guten Willens bewertet. Und eine Chance, mit deren Machthabern ins Gespräch zu kommen. Dieser Kredit gilt als eines der erstaunlichsten Geschäfte während des kalten Krieges.

Auch vor dem Hintergrund der innenpolitischen Stimmung in der DDR. Das Politbüro in Ost-Berlin sah in der Annäherung eine Gefahr. Niemand sollte der Illusion eines innerdeutschen Ausgleichs verfallen. Wies die maßgeblichen Medien an, alles zu unterlassen, was die Stimmung im Volk aus ihrer Sicht negativ beeinflussen könnte. Sätze wie «Erinnerung an vergangene Größe und Hoffnung auf eine zukünftige Gemeinschaft mit den Westdeutschen». Rundfunk, Fernsehen und Presse haben auf herkömmliche Begriffe - «Zwei Staaten Deutscher Nation» und die «beiden deutschen Staaten» zu verzichten. Ebenso auf die «Vision eines sozialistischen Gesamt-Deutschlands».

Doch dieser Schuss ging nach hinten los. Der Protest wirkungslos. Nach 25 Jahren enttäuschter Hoffnung hatten sich die Menschen in der DDR mit der tristen Wirklichkeit abgefunden. Interessiert, aber kaum gespannt beobachteten sie die Gesamtdeutsche Szene nur, wenn es ihnen Nutzen versprach. Reisten in den Westen, solange es ging. Kauften Westzeitungen oder billige westliche Nahrungsmittel. Niemand hatte die Illusion eines wiedervereinigten Deutschlands. Im Osten nicht, auch nicht die Menschen im Westen.

Doch intern signalisierten Partei-Journalisten Protest gegen die Anordnungen des Politbüros. Sie sahen in den Treffen ost- und westdeutscher Politiker Chancen für Kompromisse. Ost-Berliner Ministeriale äußerten den Wunsch nach Wandel zwischen beiden Staaten. Und frischen Wind in den Amtsstuben. Im Kopf das zwanzig Jahre propagierte Motto: Die DDR sei Hort aller patriotischen Kräfte. Immer wieder wurde in Vorträgen und Druckwerken die Einheit aller Deutschen beschworen. Natürlich nach den Prämissen ihrer kommunistischen Ideologie. Die DDR Regierung machte der in Bonn laufend Angebote, zu verhandeln.

Ursprung des sozialistischen Weltbildes ist die Kritik am Kapitalismus. Das Ziel, soziale Ungleichheiten in menschlichen Gesellschaften zu beseitigen. Produktionsmittel zu verstaatlichen, durch eine Planwirtschaft zu ersetzen. Seit Marx und Engels das Idealbild eines Wohlfahrtsstaates, das bisher nur in skandinavischen Staaten auf friedliche, demokratische Weise annähernd realisiert ist. Wer die Kinderbuchautorin Astrid Lindgren kennt, weiß, dass nicht allen Gerechtigkeit widerfuhr. Sie verließ ihre Heimat Schweden, weil sie über 100 % Einkommensteuer zahlen musste. Das Problem ist die rein bürokratisch interpretierte Verteilungs-Gerechtigkeit. Wie die Renten Ostdeutscher.

Andere Länder, z. B. Russland und China haben die Idee des Kommunismus gewaltsam mit Millionen Toten durchgesetzt. Bis heute kennen Diktaturen nur ihre Meinung, die aller Meinung zu sein hat. In Kuba und Laos durch Kraft und Charisma ihrer Anführer. Nordkorea 1948 als demokratische Volksrepublik gegründet. Aber ihre Bürger eingeteilt in: loyale Genossen, schwankende und feindlich gesinnte Personen. Lässt auch bei freundlich gesonnenen Beobachtern den Verdacht aufkommen, dass alle Bürger und Bürgerinnen dieses Staates kontrolliert und überwacht werden. Wie sonst könnte man sie definieren? Einer Gruppe zuordnen?

Jeder weiß, Meinungen wechseln, wenn die Sehnsucht im Spiel ist. Auch Menschen in solchen

Staaten dank moderner Technik von Meinungs-Freiheit hören. Erfahren, dass in anderen Ländern jeder seine Meinung frei äußern kann, ohne bestraft zu werden. Riskieren zu protestieren, um diese Freiheit zu gewinnen. Auch wenn sie wissen, dass es Gefängnisstrafe, sogar das Leben kosten könnte.

Andere Formen eines diktatorischen Staates in Mittel- und Südamerika. «Hugo Chávez», Präsident Venezuelas in den 2000ern auf dem Zenit seiner Macht. Das Land reich durch scheinbar unerschöpfliche Erdölvorkommen. Seine linksgerichtete Politik bald Vorbild in Latein-Amerika. «Nestor Kirchner» in Argentinien, «Luiz Inácio Lula da Silva» in Brasilien. Alle haben das gleiche Ziel: ökonomische Ungleichheiten in ihren Ländern zu ändern. Wirtschafteten aber in die eigene Tasche. Mit der Folge, dass rechtsgerichtete Parteien entstanden. Kämpfen, um Macht und Einfluss zu gewinnen.

Afghanistan ein Beispiel für den katastrophalen Einfluss gegensätzlicher Meinungen. Das Land ein Pufferstaat zwischen der UDSSR und dem Westen. Unruhen wegen schlechter Versorgung brachten den Kommunisten viele Sympathisanten. 1973 zwang ihr Ministerpräsident «Mohammed Daoid

Khan» den König «Mohammed Sahir Schah» abzudanken. Die seit 1963 bestehende Konstitutionelle Monarchie quasi über Nacht von einer Diktatur abgelöst. Linke Opposition und Muslime im Land bekämpften sie. Einig, obwohl Kommunisten Gott leugnen und Muslime an ihn glauben. Ihr gemeinsamer Feind Daoid Khan.

Im Kalten Krieg beobachteten Ost und West die Szene, bereit einzugreifen. Die Sowjetunion marschierte 1973 als erste ein. Ihren Soldaten eingebläut, sie würden ihren Brüdern beistehen. Den Muslimen schickten die USA Geld und Kriegsgerät, die Sowjets wieder aus dem Land zu jagen. Die mussten als Verlierer gehen. US Präsident Obama kündigte an, seine Soldaten nach und nach zurückzuholen.

Zurück blieben zerbombte Städte, mangelnde Versorgung, Schwarzhandel und Menschen, die überlebten. Abertausende gestorben. Millionen geflohen nach Pakistan, Iran und Europa. Clans bekämpften sich immer noch. Kein Wunder, dass ein «Osama Bin Laden» Einfluss gewann. Und der sogenannte «Heilige Krieg» gegen den Westen, insbesondere die USA, begann.

Der 11. September 2001 mit dem Terrorangriff auf das World-Trade-Center in New York erschütterte nicht nur Amerika. Terrorakte in vielen Ländern folgten, die heute noch nicht aufhören. Weil Meinung gegen Meinung steht. Jeden erschüttert, der sich nach Verständigung und Frieden sehnt. George W. Bush befahl, in den Irak einzumarschieren. Die Wurzel allen Übels auszurotten. Was ihm nicht gelang. Im Gegenteil. Im Irak herrscht Bürgerkrieg. Bleibt die Frage: Ist «Krieg der Vater aller Dinge», wie Heraklith, ein antiker griechischer Philosoph postulierte? «Die einen mache er zu Göttern, die anderen zu Menschen, Freien und Sklaven».

Immer und überall geht es Politikern zuerst darum, die Meinung von Menschen zu ändern. Haben sie die Macht im Staat oder genügend Gleichgesinnte, erzwingen sie, was sie für richtig halten. Und sei es mit brutaler Gewalt.

Immer auch wird es Menschen geben, die sich ungerecht behandelt fühlen. Immer auch Politiker, die soziale Gerechtigkeit versprechen. Denn ungerecht ist die Welt, Sie wird es bleiben, solange der Mensch nicht nur gut, sondern auch böse ist. Protest, seit 1863 die Waffe der Sozialdemokratie, scheint stumpf geworden zu sein.

Meinung antrainieren

Schon in Schulen werden Kenntnisse vermittelt, die Schüler und Schülerinnen in die Lage versetzen, lesen und schreiben zu können. Also von der Meinung anderer erfahren. Selber eine Meinung zu bilden. In einem wird das Interesse an Bauten geweckt. Der Wunsch Maurer zu werden oder Architektur zu studieren. Meinungen von Mädchen tendierten traditionell zu helfenden Berufen, Krankenschwestern, Ärztinnen oder Therapeutinnen. Heute sind sie der Meinung, Ingenieurinnen oder Politikerinnen können mehr bewirken. Während der Schulzeit erste Meinungen gebildet und ihren Intentionen gefolgt.

Diktaturen haben immer schon politischen Nachwuchs in eigens gegründeten Schulen ausgebildet. Kalkulierend, junge Menschen sind aufnahmewillig, rasch für neue Ideen zu begeistern, die eine bessere Zukunft versprechen. Die Nationalsozialisten errichteten 1933, gleich zu Beginn «Napola», Nationalpolitische Lehranstalten. In denen wurden junge Menschen bis zur Hochschulreife ausgebildet. Bis Kriegsende 1945 bestanden 43 dieser Schulen mit ca. 4000 Schülern. Verteilt auf alle Provinzen des Reiches. Lehrer von normalen

Grund- und höheren Schulen übernahm man, hatten sie sich als systemtreu erwiesen. Offiziere schickten ihre Söhne gerne dorthin, weil das Schulgeld niedriger ausfiel als bei anderen Schulen. Und so auch Kinder aus ärmeren Familien rekrutiert, das Potential für Nazizöglinge zu erhöhen.

Auf den Napola sollte der typische Nationalsozialist gezüchtet werden. Individualisten einer Meinung sein. Sendungsbewusst und körperlich ertüchtigt. Leib und Seele in den Dienst an Volk und Staat zu stellen. Neben Fachwissen spielten Leibesübungen eine große Rolle: nur in einen gesunden Körper lebe ein gesunder Geist. In Uniform alle, Gemeinschaftssinn nach außen zu zeigen. Schüler während der Schulferien verpflichtet, an ihrem Heimatort den Dienst der dortigen Hitlerjugend zu absolvieren. Sogenannte «Junkerschulen» bildeten Führungsnachwuchs aus.

Als 1936 SS-Obergruppenleiter August Heißmeier die Führung der Napola übernahm, verschärfte sich der Ton. Rassengesetze in die jungen Köpfe gebläut. Sie sei notwendig, um den Volkskörper von Schädlingen zu befreien. Juden, Roma und Kommunisten seien minderwertig und deshalb auszurotten. Die Schüler drängte man, der «Waffen SS» beizutreten. Von denen wir heute wissen, sie haben die größten Verbrechen begangen.

Einige wurden höhere Offiziere, wenige Professoren, z. B. in Sportwissenschaften. Die meisten überzeugte Nationalsozialisten. Von einem Ideal geprägt, wie sie dachten. Ob sie 1945 ihre Meinung, zu Ideologie mutierte jugendliche Begeisterung ablegen konnten? Älter und vernünftig geworden? Es gibt keine Umfragen, die es bestätigen könnten.

Nicht viel anders in der DDR nach 1945. Auch die SED, sozialistische Einheitspartei Deutschlands zielte auf eine einheitliche Meinung aller.

Besonders der Jugendlichen. Verboten alle anderen Jugendgruppen, gründeten Schulen, in denen Jungen zu Pionieren, Mädchen zu Pionierinnen ausgebildet wurden. Auch die uniformiert und getrimmt, sich für den Aufbau einer neuen Gesellschaft, eines sozialistischen Staates zu engagieren. FDJ, Freie Deutsche Jugend die Kampfreserve der Partei.

1952 wurden die Schulen in Ernst Thälmann-Schulen umbenannt. In den 20er und 30er Jahren Führer der kommunistischen Partei, deren Kurs er zunehmend an Stalin orientierte. Mitglied des Parlaments während der Weimarer Republik bis zu seiner Verhaftung 1933. Angeblich auf Befehl Hitlers 1941 erschossen.

Beide deutsche Schulen waren Zentren der Indoktrination. Jungen Menschen das Gefühl gegeben, etwas Besonderes zu sein. Auserwählt, Vorbild zu sein für ein ganzes Volk. Es blieb nicht aus, dass sie einer Meinung waren und stolz, dabei zu sein. Fotos dieser Zeit zeigen lachende Gesichter. Man sieht sie marschieren und stramm stehen auf Befehl. Die Fahne flatterte ihnen voran. Die neue Zeit am Lagerfeuer besungen und gefeiert. Nicht ahnend, dass sie am Ende das Opfer einer Ideologie wurden. Und mit den Idealen sie selbst jeden Halt verloren.

In westlichen Ländern zweifeln junge Menschen an demokratischen Prinzipien. Am Wirtschafts-System, das wenige reich macht, Millionen verhungern lässt. Religion spielt keine Rolle mehr. Moral und verantwortliches Handeln scheinen abhandengekommen. Lesen, hören vom Islam, von Allah und dem Koran. Der vorschreibt, wie man ein moralisch verantwortetes Leben führt.

Wird Meinung, Überzeugung in ihren Köpfen. Weckt das Verlangen, mehr von dieser Religion zu wissen. Selber ein Moslem zu werden. So, hoch sensibilisiert, werden sie Opfer von Dschihadisten. Diese radikalen Moslems aber legen den Koran nur militärisch aus. Ihre einzig wahre Religion mit

Terror und Gewalt zu verteidigen. Dafür brauchen sie Mitstreiter. Die Zahl ihrer Feinde ist groß. Zweifelnde junge Männer ihre Beute, aber auch solche, die ihre Rauflust ausleben wollen.

In speziellen Ausbildungslagern werden sie trainiert. Vorwiegend in Afghanistan, Irak und Syrien. Dort allein gibt es 28 dieser Lager. Ca. 10.000 folgten bisher ihrem Lockruf, unter ihnen 400 Deutsche. Bereit, die verdorbene westliche Welt zu bekämpfen. Militärisch gedrillt. Lernen, mit Waffen und Sprengstoff umzugehen. In Kursen stundenlang indoktriniert, ihr Leben nach der Scharia auszurichten, ihren Glauben an den Texten des Koran. Anzahl und Entschlossenheit junger Kämpfer konnten den «IS» entstehen lassen. An vielen Orten, in denen Kämpfer mit ihren Familien zusammengeführt wurden. Indoktriniert auch hier, einheitliche Meinung und damit Gefolgschaft zu sichern. Die Anführer von Gruppen wie überall, Männer, die es perfekt verstehen, andere einzuschüchtern, mit drastischen Strafen drohen bei Abweichungen oder Widerspruch.

An vielen Orten der westlichen Welt sprengten und sprengen sich immer noch viele Männer selbst in die Luft, um Feinde Allahs zu töten. Exempel zu statuieren. Mit der Aussicht, 72 Jungfrauen warteten im Himmel, ihre sexuellen Gelüste zu befriedigen. Alles die Folge antrainierter Meinung. Der Verstand scheint ausgeschaltet. Ihr Gehirn fremdgesteuert. Wie bei den Nazis, der SED. Vergleichbar noch mit japanischen Kamikazefliegern im letzten Krieg. Was ist ein einzelnes Leben, verglichen mit dem einer größeren Gemeinschaft?

Im Abendland begann im 6. Jahrhundert die Ausbildung von Schülern in Klosterschulen. Mönche bildeten Heranwachsende in den sieben Künsten aus: Grammatik, Rhetorik, Dialektik, Musik, Arithmetik, Geometrie und Astrologie. Fächer, die das Allgemeinwissen vergrößerten. Das Studium der Bibel separat. Für den Ordensgründer Benedikt von Nursia war Allgemeinwissen nötige Voraussetzung, theologische Gedanken zu verstehen. Leicht nachzuvollziehen, dass die Meinung der Schüler christlich geprägt wurde.

Sogenannte Eliteschulen entstanden erst in der Neuzeit. Mit dem Ziel, einen hohen Bildungsgrad zu vermitteln. Sie sind meist privater Natur und kosten pro Jahr 1.500 bis 45.000 Euro. Junge, begabte Menschen haben die Chance, hohe und höchste Positionen in Staat und Gesellschaft einzunehmen. Die Schulen begehrt als Bildungsort. In der Gesellschaft hoch geachtet. «Etan» und «Cheltenham» in Großbritannien,

«Yale» und «Harvard» in den USA, die «ENA» in Frankreich.

Letztere aber auch immer häufiger kritisiert. Es bestehe die Gefahr des Chorgeistes bei Abgängern. Die Meinung, abgehoben zu sein. Deshalb nicht fähig, als Minister oder Staatspräsident für alle die richtigen Entscheidungen zu treffen. Aus diesem Grund hat Frankreichs Präsident Emmanuel Macron angekündigt, die «ENA», École national d'administration, aufzulösen. Die Meinung der Mehrheit ist ihm wichtiger als die Tatsache, selber ein Absolvent der ENA zu sein.

In Deutschland hat Bernhard Bueb, Direktor der Eliteschule in Salem mit seiner Streitschrift «Lob der Disziplin» heftigen Widerspruch ausgelöst. Es erinnere an die Nazizeit. In seiner Schule werden junge Menschen nicht indoktriniert wie in den Napola der Nazis, sondern konditioniert. Wie man Sportler durch gezieltes Training in Bestform bringt. Schwerpunkt der Erziehung in Salem und anderen Eliteschulen ist, das geistige, körperliche und charakterliche Potential ihrer Schüler zu optimieren. Ihre Schüler lernen, diszipliniert zu denken und zu handeln, sich selbst beherrschen, um eine Persönlichkeit zu werden. Mit eigener Meinung, gefestigtem Charakter und einem Fachwissen, das sie auf Universitäten erweitern. Überzeugt, lernen müssen sie lebenslang. Standpunkte wechseln je nach Erkenntnis. Auch ihre Meinungen ändern, wenn sich Tatsachen ändern. Nur sich selbst treu bleiben, was immer auch geschieht.

Auch bei Religionsgemeinschaften sieht es ähnlich aus, flüchtig betrachtet. Schaut man hinter die Fassade von Evangelikalen, fällt einem auf, dass eher indoktriniert wird als optimiert. Obwohl sie der Auffassung sind, sie seien auf dem Weg ihr Glaubensleben zu optimieren. Indem sie sich an Jesus Christus klammern. Die Bibel wortwörtlich nehmen. Grundlage aller protestantischen Abspaltungen: Pietisten, Methodisten, der im 18. Jahrhundert entstandenen Erweckungsbewegung.

Alle fixiert auf die Bibel. Gottes Worte seien frei von Irrtum und unumstößliche Wahrheit. Nur sie gibt uns auf, ein gottgefälliges Leben zu führen. Nur sie sagt, was Sünde ist und was nicht. Nur, wer den Worten der Bibel folgt, kann in Staat und Gesellschaft eine Führungsposition erreichen. Ihr Einfluss auf Gesetzgebung und Politik ist in den USA groß. Vice-President Mik Pence und Außenministr Mike Pompeo die prominentesten Evangelikalen.

Mit 70 - 80 Millionen Anhängern die größte und einflussreichste Religionsgemeinschaft in den Vereinigten Staaten. Viele halten Trump für einen Heiligen, gehören zu seinen treuesten Wählern. Folgte er doch ihren Wünschen in seiner Nahostpolitik. Verlegte die US-Botschaft von Tel Aviv nach Jerusalem. Akzeptierte die Siedlungen auf Palästinensergebiet, die Konfrontation zum Iran.

Auch privat indoktrinieren sie ihre Kinder. Zwingen sie, durch Beten und Fasten sexuelle Bedürfnisse zu unterdrücken. Kontrollieren ihre Freundschaften. Nur in ihrem Beisein dürfen Jungen und Mädchen sich treffen. Keusch sollen sie bleiben bis sie verheiratet sind. Bei allem Verständnis für ihre religiöse Sicht ist und bleibt es Unterdrückung. Meinungs-Diktatur.

Mode als Meinungsfaktor

In keinem anderen Bereich sind Meinung, Überzeugung und Glauben dasselbe. Keine Frau, die nicht glaubt, karmesinrot geschminkte Lippen machen sinnlicher als hellrosa. Kein Mann, der nicht meint, das Hemd muss von BOSS sein. Jeder, der von BIO lebt, ist überzeugt, gesünder zu leben.

Beginnen wir mit der klassischen, der Kleider-Mode. Menschen lieben Abwechslung. Besonders Frauen. Bei allen Völkern kleiden und schminken sie sich, um zu gefallen. Auch im antiken Ägypten schminkten sie sich nach vorgegebener Mode. Achteten dabei im Gegensatz zu heutiger Kosmetik auch auf ihre Gesundheit. Augenbrauen, bis zu den Schläfen gezogene Linien und Augenlider dunkel gefärbt. Mit zu Pulver zermahlener Mischung aus Henna, Azurit und Malachiterz, vermengt mit wenig tierischem Fett. Seit Generationen angewendet, weil es sie vor Augenkrankheiten schützte, mit denen sie im heißen Wüstenklima rechnen mussten.

Mode ist Meinung in erster Linie. Meinung gebildet aus Tradition und Erfahrung wie in Ägypten. Meist aber von kreativen Designern entworfen, von Herstellern genäht und in den Handel gebracht. Im Laufe der Jahrhunderte durchlief

Mode viele Stadien. Jede Zeit hatte ihren eigenen Ausdruck.

Frauen und Männer folgten anfangs einem natürlichen Bedürfnis. Im Winter schützten sie sich mit zusammengenähten Tierfellen. Erfolgreiche Jäger schmückten sich mit dem Fell eines Widders, aus der Sage als goldenes Vlies bekannt. Im Sommer nackt oder mir einem Lendenschurz. Wie heute noch bei indigenen Völkern abseits der Zivilisation.

Im Barock traten Frauen und Männer auf, als wäre die Welt eine Bühne. Mit fantasievollen, weit ausschweifenden Hüten und Kostümen. Je üppiger sie ausfielen, umso beliebter. Das Biedermeier zwang Frauen ins Korsett. Eng geschnürte, knöchellange Kleider machten An- und Ausziehen zu einer lästigen, anstrengenden Prozedur. Bis «Coco Chanel», französische Schneiderin, sie davon befreite. Die von ihr entworfenen Kleider legere und kurz. Ihr sogenanntes «Kleine Schwarze» eroberte in den 1920er Jahren die Frauenwelt. Immer noch en Vogue.

Seit Jahren schon lassen Konzerne die gängig Mode von billigen Arbeitskräften in Entwicklungs-Ländern nähen. Billig einkaufen, um sie billig verkaufen zu können. Mit der Folge, auch junge Menschen und Geringverdiener können sich aktuelle

Mode leisten. Importeure, Mode-Boutiquen und Warenhäuser vergrößern Umsatz und Gewinn. Die Qualität schlechter, Lebensdauer infolgedessen gering. Qualität scheint nicht gefragt. Wichtiger ist der Wechsel. Up-to-date sein, das Motto unserer Zeit.

In der digitalisierten Welt von heute ist Mode das Wort für fast alles, was Geld bringt. Alles, aber auch alles ist Mode. Nicht nur im traditionellen Verständnis bei Kleidern, Hüten, Strümpfen, Schuhen, Lippenstiftfarben. Mode also modern bisher, seit Frauen meinen, sich schöner machen zu müssen, als sie von Natur aus sind.

Auch jetzt ist Mode das, was sie immer war: vorübergehend, verbindlich für eine Zeit. Heute aber flüchtig wie ein Furz. Morgen schon winken andere Moden. Nicht nur Kleider, Röcke, Hosen, Mäntel, Hüte. Hautcremes. Die Farbe von Lippenstiften, Haaren, Tattoos. Mode zwar so alt wie die Menschheit. Aber ihre Intervalle so kurz wie vorher nie. Die Gründe: Erfindungsgeist und Geldgier sind miteinander gekoppelt.

Immer schon änderten die Menschen ihre Kleidung. Passten sie der gängigen Mode an, wechselndem Wetter und ihren finanziellen Möglichkeiten. Frauen schmückten sich, um zu gefallen. In der Mode ihrer Zeit. Mal kürzer, mal länger in den Köpfen, am Körper getragen. Abhängig von Mainstream und Geldbeutel.

Auch im Handwerk erfanden begabte Schmiede Werkzeuge, mit denen man schneller und präziser arbeiten konnte. Wie alles Neue nachgefragt, bis ein besseres Modell folgte. Nach einem Jahr oder zwei frühestens. Tischler bauten neue Möbel im Stil der Zeit, die den Leuten gefielen. Eine gotische Truhe sah anders aus als eine aus der Renaissance, in Jugendstil und Art Deko. Die Perioden zwischen Alt und Neu meist lang wie das Alter eines Menschen. Nicht selten auch für mehr als eine Generation praktisch und schön.

Heute ist alles Mode wie nie zuvor: «In» sein und nicht »out». Der Zeiten Geist, der von Moden jeder Art und Dauer bestimmt wird. Alles ist Mode. Vorübergehendes Ereignis. Nichts hat Bestand. Das Chaos in den Köpfen ist deshalb groß. Aber sie merken es nicht. Halten für selbstverständlich und notwendig, dass sich alles ändert. Ändern muss, nur nicht sie selbst.

Kleidung sowieso, aber auch Körper sind der Mode unterworfen. Schlanke Frauen lange Zeit das

Ideal. Auf Laufstegen und in Filmen wie Göttinnen vorgeführt. Mittlerweile ist wieder etwas mehr Po und Oberweite gefragt. Tattoos an fast allen Körperteilen und Sexvarianten. Klaus Wowereit, gab als erster Politiker bei seiner Antrittsrede als Bürgermeister öffentlich zu, schwul zu sein: «*Ich bin schwul und das ist auch gut so*».

Wowereit einer, der wusste, dass ein ehrliches Bekenntnis im Politikbetrieb gut ankommt. Bürger der Hauptstadt werden ihn auch als Bürgermeister für ehrlich und entgegenkommend halten.

In den Augen der meisten galt schwul sein als Krankheit, Anomalität. Schwule Männer blieben unter sich. Nicht lange nach Wowereits Bekenntnis outeten auch andere sich. Um öffentlich Aufmerksamkeit auf sich zu lenken. Für Künstler war schwul kein Karriere-Hindernis mehr. Im Gegenteil, man engagierte sie für Filme, Millionen in die Kinos zu locken. Helden, von denen man weiß, dass sie schwul sind und nicht nur spielen, ziehen das Publikum an wie Blütenpollen Bienen und Schmetterlinge.

Einige fragen sich, warum müssen sich Männer outen, wenn lesbische Frauen es für sich behalten? Adam wieder im Spiel, der Erste zu sein? Zu bestimmen, was wo zu laufen hat. Sex inzwischen im Internet Mode geworden. Abertausende Pornofilme kostenlos anzuschauen. Männer masturbieren und Frauen lernen, wie sie Orgiasmus erleben. Die Kirchen protestieren, Psychotherapeuten warnen. Können aber nicht verhindern, dass in der Werbung immer mehr nackte Haut gezeigt wird. Immer mehr Jugendliche, Kinder sogar, sind gierig auf Sex. Einem Vorgang zwischen Mann und Frau, Kinder zu zeugen. Damit die Menschheit nicht ausstirbt. Wird das, was nach der Meinung der meisten Spaß bedeutet, eine Mode bleiben? Oder wechseln in eine neue, die die Bibel wortgetreu praktiziert?

Ferienziele sind in Mode, Kreuzfahrtschiffe mit tausend und mehr Passagieren ankern vor Venedig. Millionen Touristen ergießen sich in die engen Gassen, sodass viele der Einwohner von März bis Oktober aufs Festland fliehen. Immer mehr kommen nicht mehr zurück und wandern aus. Weil Venedig nicht mehr Heimat ist, die sie kennen. Schon lange nicht «Serenissima», die sie über Jahrhunderte war. Billige Fabrikware statt handgearbeiteten Masken, mundgeblasener Gläser. Tiefgefroren die Fische statt frisch gefangen. Gemüse und Paste aus der Fabrik. Um billig zu sein, weil Touristen aus aller Welt nicht bereit sind, Qualität zu bezahlen. Die früher reiche Stadt auf 1.116000

Eichenholz-Pfählen erbaut, versinkt nicht nur im Wasser. Auch im Einerlei aller touristischen Orte der Welt. Ausgelöst vom Meinungs-Diktat: da muss man gewesen sein.

Die Gefahr groß, dass Venedig sein Gesicht verliert, bekommt man das Hochwasser nicht in den Griff. Millionen nur in Vorteile für Touristen investiert. Statt in die Realisation einer funktionierenden Hochwassersperre. Die den Wasserstand reguliert. Nur Überschwemmungen verhindern reicht nicht. Wichtig ist, dass die Holzpfähle als Fundamente von Palästen, Kirchen und öffentlichen Gebäuden, ständig von Wasser umspült werden. Wie vor wenigen Jahrzehnten noch. Sind sie dem Sauerstoff der Luft ausgesetzt, fault das Holz, zerbricht und die schönste Stadt der Welt stürzt in sich zusammen.

Die Mittelmeerinsel Mallorca ist nicht in diesem Ausmaß durch den Tourismus gefährdet. Verliert aber trotzdem ihren ursprünglichen Charakter. Mit Felsformationen, Pinienwäldern, Stränden, bisher unberührte Natur. Oliven, Orangen und Zitronen von Bauern auf Feldern oder Terrassen angebaut und geerntet. Bis zu viermal im Jahr. Bewässert durch Kanäle, die Araber bereits vor 600 Jahren angelegt. Bauernhöfe und Zisternen wie aus Urzeiten übrig gebliebene Relikte. Am Wegesrand ein alter Johannisbrotbaum mit Schoten, die früher auf dem Weihnachtsteller von Kindern lagen. Motive für Maler und Fundgrube für Bildhauer, die wie Joan Miro aus Ästen, Tonscherben, einer verrosteten Harke, Gips und Farbe Götterstatuen bauten.

Seit den 1969er Jahren überfällt eine stets steigende Zahl von Touristen die Insel. Mehr als sechs Millionen Touristen jährlich sind es derzeit. Weil es Mode ist, dazuzugehören. Eine eigene Finka zu besitzen, mitreden zu können zuhause am Stammtisch. Versuche grüner Inselregierungen, den Tourismus zu steuern, Hotels abzureißen, Strände unbebaut zu lassen, scheiterten bisher. Vernunft scheint überall in der Welt abhanden gekommen zu sein.

Nach den Ursachen der Reise-Mode muss man nicht lange suchen. Wachsender Wohlstand und niedrige Preise erlauben fast allen, solche Angebote anzunehmen. Im Flugzeug schnell da, wo der Himmel blau ist. Anderes, Wunderschönes ein, zwei oder drei Wochen zu genießen. Mode ist es auch, dazuzugehören. Einer zu sein, der es sich leisten kann. Auch wenn danach drei Monate lang Schmalhans Küchenmeister ist. Wer an die Nordsee fährt, gilt schon als altmodisch. Von Ferien in der Eifel oder im Taunus nicht zu reden.

Dabei scheint auch dort im Sommer die Sonne. Selbst, wenn sie nicht scheint, ist Erholung möglich. Man muss sich nur entscheiden, es schön und gut zu finden. Einen Tag lang auf der faulen Haut liegen, ein Buch lesen. Oder in einer Waldlichtung den Kampf zwei konkurrierender Hirsche beobachten. Die Hirschkuh im Dickicht entdecken, gelassen den Sieger erwartend. In fast jedem Hotel ein Schwimmbad. Bett und Bad bequem und das Essen gut. Nach zwei Wochen mehr erholt als beim Stress auf Flugreisen. Zweimal sich in langer Schlange nur langsam vorwärts bewegen, auf Abfertigung warten in Flughäfen. An überfüllten Stränden kaum einen Platz finden. In ebenso vollen Restaurants von schlecht gelaunten Kellnern verabschiedet, weil nur wenig für das Trinkgeld übrig blieb.

Die jährlichen Summen, die Touristen in die Kassen Venedigs oder Palmas spülen, könnten sinnvoller investiert werden. Statt neue Hotels zu bauen z. B. die wertvolle Bausubstanz ihrer Städte für die Nachwelt erhalten. Marode Infrastruktur modernisieren. Gebühren erhöhen und damit die Zahl der Touristen verringern. Ausgewanderte Bürger kämen wieder zurück in ihr altes Zuhause und wären glücklich. Würden Millionen nicht für kurzsichtige Maßnahmen verschleudert.

Digitale Geräte, Handy, Computer werden im Eiltempo weiterentwickelt, verbessert, wie ihre Hersteller fortlaufend betonen. In der Datentechnik scheint nichts unmöglich zu sein. Jedes Neue reizt, dabei zu sein, up-to-date. Diese Formel heute Inbegriff für alles, was produziert wird und Geld bringt. Neu muss es sein, auch wenn das letzte Smartphon, der letzte Laptop völlig ausreichen, seinen Job gut zu machen. Die meisten technischen Verbesserungen entbehrlich für die meisten Menschen. Spielzeug in der Hand derer, die nichts Wichtigeres zu tun haben.

Auch Kunst ist Mode. Zum Anlass genommen, eine Meinung auf künstlerische Art zu exemplifizieren. Auf Bildern, Bühnen, in Filmen beweisen, ich bin up-to-date. Bilder sind Rätsel, die der Erklärung bedürfen. Aber modern sind und deshalb gekauft. Kunstinterpreten haben Hochkonjunktur. Theaterstücke der Klassiker nicht mehr in der Originalfassung aufgeführt, sondern in die Gegenwart transferiert. Texte modifiziert, das Bühnenbild keines mehr. Als wären Medea von Euripides, Don Carlos von Schiller, Jeanne d'Arc von Brecht oder

Nora von Ibsen andere Menschen als heute. Nach wie vor gut und böse oder irgendwie dazwischen. Wie vor zweihundert oder zweitausend Jahren. Anpassen gut und schön, aber alles weglassen, was entbehrlich scheint?

Historische Kostüme passé, zeitgemäß in der Regel. Wenn 's irgendwie passt, dann nackt. Denn nackte Haut offenbare den Zustand der Seele überzeugender. Als ob man mehr als überzeugt sein könnte. Autorenkinos nennt man Theater, in denen Filme gezeigt werden, denen ein Regisseur seinen persönlichen Stempel aufgedrückt hat. Seine Meinung über Kunst ist Evangelium. Und alle wollen es kennenlernen.

Einem Bildhauer in Freiburg gelang ein besonderes Werk. Weil er als Skulpteur nicht genug verdiente, arbeitete er in einer Fabrik, die Brot maschinell herstellt. Eines Tages stellt er fest, alle Brote waren schwarz. Schwarz wie ein Brikett. Das Zeit-Relais war ausgefallen. Ging zu seinem Galeristen, zeigte ihm das Brot und fragte ihn: „Ist das Kunst?» Der antwortete: „Wenn Du es für Kunst hältst, dann ist es Kunst." Stellte aus und verkaufte das Brikett viele Male für 3.500 Euro.

Essen und Trinken sind Mode geworden. Nicht mehr ein Bedürfnis, das Leben in vollen Zügen zu genießen wie früher. Oder sparsam über die Runden zu kommen. «Bio» ist «In», wie bereits beschrieben. Alte Umgangsformen gelten nicht mehr. Modern auch, als Schüler in der Tram sitzen zu bleiben, weil ihn niemand dazu erzogen hat aufzustehen. Kommt eine Schwangere, ein alter Mann, ein Behinderter. Erziehung von Kindern bei viel zu vielen keine Aufgabe, nur noch lästige Pflicht. Keine Zeit nur eine Ausrede. Eine liebende Geste, ein liebes Wort währt nur Sekunden. Ein Kind verstehen wichtiger als es zu beschäftigen.

Verdrängen von Sterben und Tod ist Mode. Ein englischer Psychoanalytiker analysiert: Alle Nase lang unbedacht Neues um des Neuen willen kaufen wirkt sich aus. Hinterlasse das Gefühl, alles ginge endlos so weiter. Im Unterbewusstsein über den Tod hinaus. Unsterblich wie die Illusion des Jungbrunnens im Mittelalter. Nach einem Bad in seinem Wasser ewig zu leben.

Keiner Illusion verfielen Millionen jüdischer Männer, Mütter und Kinder in von Nazis eroberten Ländern. Als deutsche Soldaten sie erschossen. Von jetzt auf gleich vom Leben in den Tod befördert. Es wird die Täter ihr Leben lang nicht entlasten, dass sie auf Befehl gehandelt. Schöner Gedanke, sie im Jungbrunnen baden zu sehen und an ihre Untaten denken müssen bis in alle Ewigkeit.

Selbst die Sprache passt sich der Mode an. Englisch mag ja für Wissenschaftler gut sein, sich mit Kollegen in aller Welt auszutauschen. An internationalen Universitäten zu lehren. Hersteller mit Partnern, Niederlassungen weltweit Englisch korrespondieren. Politiker bei weltumspannenden Themen und Problemen mitzureden. Im Europäischen Parlament kämen sie ohne Englisch keinen Schritt weiter, weil niemand 28 Sprachen perfekt beherrschen kann.

Aber muss «okay» jedes Einvernehmen bestätigen? Einverstanden sagte man früher. Und jeder verstand es. Muss «happy» gesagt oder «sale« auf Schaufensterscheiben gepinselt werden? Weil es up-to-date ist, mit englischen Wörtern «up-to-date» zu sein.

Sprache, die charakteristischste Eigenart eines Volkes geht verloren, klagen Deutschlehrer. Die Sprache unserer Dichter und Denker. Wer kennt noch den Begriff der Unangemessenheit? Weiß, was es bedeutet? Junge Menschen lieben kurze Worte: Hi, okay, cool, sorry. Als hätten sie keine Zeit. Beim Simsen vielleicht noch nützlich, aber ihr Wortschatz bleibt klein. Sie verlieren die Fähigkeit, einen Menschen, eine Sache so zu beschreiben, dass es andere begeistert oder überzeugt. Nur weil sie einer allgemeinen Meinung, einer Mode folgen, die alles verkürzt. Im Glauben, wenige englische Vokabeln reichen aus, gebildet zu sein. Eine der Meinungen, die den Untergang der Kultur beschleunigen.

Es ließen sich noch viele Beispiele nennen, die einen Trend, eine vorübergehende Mode initiiert haben. Raffinierte Geschäftemacher erkannten, dass die Suche nach dem Sinn des Lebens eine gute Geschäftsgrundlage ist. Bieten in Beratungsstellen Hilfen an. Denn immer mehr, auch Jugendliche, vermissen Sinn in ihrem Leben, Sinn ihres Tuns und Lassens. Weil es ihnen niemand mehr erklärt. Materialistisches Denken, Moden folgen, die irgendwann ein schwarzes Loch hinterlassen. In das niemand fallen möchte. Es muss doch Sinn machen, was ich tue. Viele haben es erfahren, sind unglücklich und wissen nicht warum. Glücklich aber wollen alle sein. An dieser Stelle ist es nötig, Aristoteles zu zitieren. Er hielt es für erstrebenswert, glücklich zu sein. Weil nur ein glücklicher Mensch motiviert ist, Gutes zu tun.

Kritiker sehen das Ende der Zivilisation. Andere beruhigen: Nur keine Aufregung, alles geht vorüber. Es geht aber bereits Jahrzehnte so. Kleidermode nach einem halben Jahr passé. Der Trend scheint sich sogar noch zu beschleunigen. Globale Datentechnik macht es möglich. Was früher Tage, Wochen, ja Jahre dauerte, ist heute nur Mausklick oder Fingertouch auf dem Display. Sekundenschnell. Was immer mehr Menschen dazu verführt, andere zu verführen. «Follower», das neue Wort für Anhänger. «Influencer» das für Einflüsterer, Meinungsmacher.

Auch Feindbilder entstehen durch Menschen, die Meinungen verändern wollen. Wechseln je nach Laune oder folgen Zwecken. Der amerikanische Präsident Donald «Trump» ein Prototyp der letzten Kategorie. Nordkoreas Chef «Kim Yong-un» zuerst eine Gefahr für die Welt. Nicht lange danach flog er zu einem Treffen nach Pjöngjang, umarmte und küsste ihn. Nannte ihn einen guten Freund. Diplomat oder Lügner? Man weiß auch in Amerika, er lügt wie gedruckt, wenn es einen guten Deal verspricht. Much Dollars oder Stimmen für seine Wiederwahl.

Putin im Kopf westlicher Politiker ein Feind der freien Welt. Unterdrückt die Meinung von Oppositionellen, gefährden sie seine Macht. DUMA, das

Parlament besetzt mit linientreuen Genossen. Freie Wahlen zugelassen, aber manipuliert, wie der Westen behauptet. Wer aber dieser Kritiker kennt die wahren Beweggründe Putins? Russland wieder Geltung zu verschaffen vielleicht. Einem Russland, das unter Zar Peter dem Großen die Politik in Europa mitbestimmte. Es mag sein, dass die russische Seele anders tickt als unsere. Bürger sich aufgehoben fühlen, Mütterchen Russland wird sie schützen.

Moderne, digitale Technik ist auch in Russland eingezogen. Auf dem neuesten Stand wie bei uns. Vor allem junge Russen und Russinnen kennen durch sie die Welt jenseits ihrer Grenzen. Das Wort Freiheit fasziniert sie. Protestieren auf Straße vor dem Kreml. Putin scheut sich, sie gewaltsam daran zu hindern. Lässt hin und wieder Rädelsführer einsperren. Betont in Reden, es sei alles mit rechten Dingen und demokratisch zugegangen. Den Schein zu wahren.

So die Meinung des Westens über die Diktatur Putins. Auf allen online-Kanälen, allen Printmedien verbreitet. In Reden von vielen Politikern wiederholt. Von Menschen, die nur ihre Macht demonstrieren wollen: Einmal Feind, immer Feind! Nicht nur bei Politikern, die sich damit profilieren wollen. Im Nu auch öffentliche Meinung: Feinde braucht das Land. Nur wenige bemühen sich, sachkundig zu berichten. Ursachen und Auswirkungen zu erklären, Zusammenhänge. Vertrauen und Sehnsüchte der Menschen im Lande zu eruieren. Ihre Meinung zu Staat und Regierung. Es gab sie einmal auch in Deutschland. «Peter Scholl Latour» einer, der nicht nur einmal sein Leben riskierte, um hinter der offiziellen Meinung die Wahrheit zu finden.

Wie wäre es, wenn Staatschefs demokratischer Staaten mit Putin redeten. Auf Augenhöhe? Nicht mit einem Gegner, als der er gebrandmarkt ist seit Jahren. Einem, der mit Nadelstichen versucht, sich zu wehren. Was wiederum Nadelstiche oder Sanktionen der westlichen Seite zur Folge hat. Es sei an Franz Josef Strauß erinnert, der einen Kredit an die DDR einleitete. Den damaligen Sattelitenstaat der Sowjetunion. Deutsche Kanzler sprachen mit Generalsekretären der DDR. Demokraten mit Kommunisten auf Augenhöhe. Und damit erste Schritte getan, die das Verhältnis beider Staaten entspannten. Westdeutsche Firmen lieferten moderne Computertechnik, schulten Personal. Kein Jahrzehnt später waren beide Staaten zu einem Deutschland auf friedliche Weise wiedervereint. Demokratisch die Verfassung.

Wäre es doch eine Mode, wenn Menschen sich ebenso friedlich versöhnten. Feindbilder der Vergangenheit nicht mehr existieren. «Kain» aber sitzt uns im Nacken. In den Genen jedes Menschen. Gestern, heute, morgen und in Ewigkeit. «Siegmund Freud», berühmter Psychotherapeut und Traumdeuter, musste zugeben: Der Mensch handelt irrational, durch was auch immer getrieben. Es wird Mode sein, andere zu betrügen oder umzubringen, eines Vorteils wegen. Es ist also die Natur des Menschen, die dazu verführt, gut oder böse zu sein. Moral scheint einseitig und daher kein gültiger Begriff mehr zu sein. «Zuerst kommt die Mode - dann kommt die Moral» das Motto unserer Zeit.

Muss sich alles erneuern?

Ja! Weil sich in der Natur alles ändert. Nichts bleibt, was es ist. Keimt, sprießt, blüht und bringt Früchte, verwelkt. Aus Früchten aber entsteht wieder Neues. Schon im alten Kulturen, Babylon, Ägypten wusste man um die Vergänglichkeit. Im antiken Griechenland formulierte Heraklith: «Panta Rhei», Alles fließt. Andere Philosophen formulierten dem Sinne nach: «Nur was sich ändert, bleibt, was es ist».

Überlassen wir die Schöpfungsgeschichte den Kirchen. Die Frage beiseite: wer schuf das erste Element, aus dem alles entstand? Bleiben wir bei dem, was uns als Fakt bekannt ist. Beginnen mit der Entstehung von Leben. Aus der Verbindung von zwei Komponenten, Samen und Eizelle. «Darwin» behauptete, alles hätte sich aus einer Urzelle in Stufen entwickelt. Und nur der Stärkste setze sich durch. Nannte diesen Prozess Evolution. Aus sich selbst entwickelt, nicht von Gott erschaffen, wie es in der Bibel steht. Darwins Theorie ist seit ihrer Veröffentlichung von der Kirche in Rom auf den Index gesetzt.

Auch Wissenschaftler äußeren sich heute noch kritisch. Das Wunder des Lebens auf der Erde ließe nur den Schluss zu, dass alles zufällig entstanden sei oder von einem hochintelligenten Urheber geplant. Man weiß, dass Umweltbedingungen eine Rolle spielen. Arten sich anpassen. Oder von Molekülen, chemischen Prozessen verändert, Unterarten entstehen.

Der Mensch in seinem Drang, allem auf die Spur zu kommen, entdeckt unterschiedliche Genome in verschiedenen Pflanzen. Stellt fest, dass schwach wachsende, von Ungeziefer und Klima gefährdete existieren und andere, die diese Nachteile nicht haben. Entnahmen widerstandsfähigen Organismen das Genom und schleusten es z. B. in Mais ein. Mit dem Ziel, gesunde Entwicklung zu gewährleisten und reichere Ernten einzufahren.

Die einen jubeln und freuen sich auf größere Ausbeute, höheren Gewinn. Andere, vor allem Grüne Politiker, protestieren. Nebenwirkungen seien noch nicht absehbar. Kirchen protestieren, es sei ein unerlaubter Eingriff in die Schöpfung. Meinung stößt auf Gegenmeinungen, wie bei jedem Fortschritt. 1996 gelang das Klonen eines Schafes, «Dolly» genannt. Das erste genmanipulierte Tier. Das neue Lebewesen starb im Alter von sechs Jahren an Altersschwäche. Nicht alles scheinbar Neue ist zukunftsfähig.

Auch im gesamten Universum bleibt nichts, was es war. Anfangs sei alles ein riesiges schwarzes Loch gewesen. Resümierten Experten, nachdem sie Beobachtungen, terrestrische Modelle am Computer simuliert und auf den Weltraum übertragen hatten. Mehrere schwarze Löcher sollen es sein, glaubte Stephen Hawking erkannt zu haben. Übrig gebliebene dunkle Massen nach gewaltigen Eruptionen und Explosionen zahlreicher Himmelskörper. Solcherart eruptive Kräfte schleuderten wiederum Massen ins Weltall. Etliche Millionen, die immer noch zu kreisen scheinen und glühen. Als Sterne am nächtlichen Himmel leuchten. Andere, früh schon erloschen, rasen um die Sonne herum, bis ihre Reste als «Meteroid» auf andere Himmelskörper, auch unsere Erde fallen. Von ihrem Magnetfeld angezogen. In der Regel richten sie keinen großen Schaden an. Vom Aufprall eines «Asteroiden» blieben wir bisher verschont. Auch wenn sie kleiner als die Erde sind, könnten sie sie zertrümmern. Gelängen sie in das Magnetfeld der Erde.

Andere Restkörper bestehen nur aus Eis und Staub. Nähern sie sich auf ihrer Bahn der Sonne, erkennt man sie an ihrem leuchtend hellem Schweif aus Staub und Gas, den sie hinterlassen. Kometen genannt, die in den Kulturen vieler Völker Signale ihrer Götter waren. Im Neuen Testament wies ein Komet drei Königen den Weg nach Betlehem. Der Rest eines Himmelskörpers Meinung geworden von 1,5 Milliarden Christen.

Leben entsteht, in dem Same ein Ei befruchtet. Bei Menschen Samen in den Hoden des Mannes, Eier in den Eierstöcken der Frau. Beide millionenfach, um sucherzustellen, dass eine von ihnen zur Befruchtung führt und ein neuer Mensch entsteht.

Im Prinzip nicht anders bei Tieren und Pflanzen, auch wenn Modalitäten andere sind. Alles Lebendige auf der Erde, im Wasser und in der Luft entsteht so. Entwickelt sich, reift und stirbt, damit Neues entstehen kann. Aus Samenkapseln derer, die nicht mehr leben. Jahreszeiten wechseln sich ab. Jedem Frühling folgen Sommer, Herbst und Winter. Mit all dem Auf und ab in Natur, in Verstand und Gefühl der Menschen. Nach Kälte und Dunkelheit wieder auferstehen mit sonnenhellen Forsythien. Aus diesen unbestrittenen Tatsachen könnte man schließen, dass auch dieses sich verändern, sich erneuern in der Natur des Menschen angelegt ist. Unbestritten: Wir werden älter, reifer vielleicht und sterben eines Tages. Nachdem wir für Nachwuchs gesorgt haben.

Ist es aber auch unsere Natur, logisch zu denken und danach zu handeln? Oder gibt es einen

Unterschied zwischen von Natur und den von Menschen geschaffenen Gesetzen?

Zwischen beiden besteht ein grundsätzlicher Unterschied. Natur vollzieht sich gewissermaßen aus sich selbst. Lässt Realität werden, was in ihr angelegt, ob es uns passt oder nicht. Missbildungen nehmen wir in Kauf, versuchen sie zu korrigieren oder werfen sie weg. Zusammengewachsene Zwillinge zum Beispiel kann man unter bestimmten Voraussetzungen am Leben erhalten, nachdem man sie getrennt. Abgefallenes unreifes Obst, ein totes Katzenjunges wirft man weg. Nazis waren der Meinung, missgebildete Kinder seien unwertes Leben. Nahmen sie ihren Müttern weg, sezierten sie bei lebendigem Leibe, um herauszufinden, ob ihr Erbgut jüdisch ist. Den Beweis zu erbringen, dass sie mit ihrer Rassenpolitik Recht haben.

Uralte krumm gewachsene Olivenbäume lassen wir stehen. Nicht nur, weil sie noch reichlich Früchte tragen. Auch weil sie seit eh und je als Symbol des Alterns geachtet werden. Viele hundert Jahre mit ihren Oliven beweisen, dass sie noch jung und kräftig genug sind, mit Früchten und ihrem ausgepresstem Öl Menschen glücklich zu machen. Mehr als 1000 Jahre alte Bäume Symbole ewigen Lebens in den Augen derer, die sich mit Mythologie befassen.

Haben Menschen eine Idee, brauchen sie wie die Natur einen Prozess des Entstehens. Eine Idee wird nicht aus sich selbst Realität. Der Mensch muss sie beschreiben, berechnen, erklären in allen Einzelheiten, damit sie hergestellt und vielen Menschen Nutzen bringt. Das ist der Unterschied zur Natur. Die keinen anderen Zweck verfolgt als zu wachsen, sich zu reproduzieren und zu sterben.

Beim Menschen springt am Ende immer ein Vorteil heraus. Für den, der die Idee hatte und sie umgesetzt. Für Handwerk, Industrie Handel. Für jeden, der ein neues Erzeugnis benutzt, von einer neuen Gesetzesfassung profitiert. Je mehr praktischen Nutzen eine Idee stiftet, umso mehr Geld wird auch verdient. Im sozialen Bereich können auch Gemeinde oder Bürger einer Stadt von einer Idee profitieren. Vorausgesetzt, einer hat die Idee, sich nicht selbst zu bereichern. Sondern wie der Kaufmann Jakob Fugger 1521 in Augsburg Teile seines Gewinns in den Bau einer Siedlung zu investieren. Die jährliche Wohnungsmiete von 0,88 Euro können sich bis heute arme und kinderreiche Familien leisten. Nur katholisch müssen sie sein. Täglich ein Vaterunser für den großzügigen Investor beten. Die Fugger- Familie eine der katholischen, die bis heute Rom die Treue halten.

Es muss also verschiedene Qualitäten auch von Meinungen geben. Ausgelöst von Gedanken und Gefühlen. Aber auch von positiven und negativen Bedingungen der Umwelt. Es lohnt, einen Blick darauf zu werfen. Um zu verstehen, warum Meinungen so unterschiedlich sind und sein müssen. Die Meinung Einzelner so große Auswirkungen hat. Von Überzeugungen, Gefühlen und Umständen zum Äußersten getrieben.

Ursachen von Meinungen.

Überzeugung und Sendungsbewusstsein stiftete Religionen, die sich segensreich, aber auch negativ auswirkten. Denkt man an die Kreuzzüge der Römischen Kirche. Rom wollte das Heilige Land mit Orten, an denen Jesus lebte und wirkte, den Moslems mit Gewalt entreißen. Jeder weiß, sie scheiterten letzten Endes. Tausende Tote auf beiden Seiten. Jerusalem blieb in der Hand von Heiden. Lediglich Friedrich II., Kaiser des Heiligen Römischen Reiches, verhandelte 1229 mit dem Sultan «Malik al Kâmil» einen zehnjährigen Waffenstillstand. Das christliche Königreich Jerusalem blieb was es war. Mit Gedenkstätten, die nach wie vor von Pilgern aus der christlichen Welt besucht werden konnten. Friedrich hatte sein Handeln nicht mit Rom abgestimmt. Einer der Gründe für Papst Innozenz IV., ihn 1245 als Kaiser des Heiligen Römischen Reiches abzusetzen. Und aller kaiserlichen Rechte zu berauben.

Nicht wenige Potentaten wähnten sich ebenfalls sendungsbewusst. Ihr übersteigertes Ego hatte Folgen, die alle kennen oder miterlebten. Wer im Fernsehen eine Dokumentation mit Überlebenden des Nazi-Terrors in KZs sieht, hört ihre gebrochene Stimme, erzählen sie von ihrer Angst, der Hoffnung wider alle Hoffnung, Tränen in den Augen.

Wut ist der leidenschaftliche Ausdruck einer Meinung. Fühlt man sich gezwungen, betrogen, enttäuscht, entehrt, nicht verstanden. Erfasst sie Berufsstände, oder eine größere Anzahl von Menschen, beeinflussen sie mit ihrer Meinung andere Gruppen, ganze Gesellschaften. Je größer die Wut, je größer die Zahl der Beteiligten, umso gravierender die Folgen. Bestehende Zustände werden radikal geändert. Neue Formen des Zusammenlebens entstehen. Neue Gesetze provozieren Widerstand, weil sie die neuen Eliten begünstigen. Nachdem sie die alten bekämpft und umgebracht.

Man kann solcherart erreichte Änderungen als Teufelswerk verurteilen. Oder als Fortschritt loben. Französische Revolutionäre trieb die Wut, ihren König zu enthaupten, die Königin und viele Adelige. Ermordeten Jean Paul Marat, weil er als Sprachrohr der Sansculotten für das September-Massaker verantwortlich gewesen sei. Sansculotten schlugen Heiligenstatuen an Kirchen die Köpfe ab. Überfielen Klöster und töteten Mönche und Nonnen. Die neue Staatsform einer Republik ging als Befreiung von monarchischer Ausbeutung von Land und Leuten in die Geschichte ein. Napoleons

«Code Civil» heute noch in Teilen Grundlage bürgerlichen Gesetzbücher.

Im Alten Testament wird «Judith» als eine Heldin gefeiert. Weil sie «Holofernes», einem Feldherrn der Assyrer den Kopf abschlug. Und damit das Heer eines der Feinde Israels zur Flucht zwang. In der Malerei von Renaissance und Barock ein beliebtes Motiv. Die Bilder Mantegnas, Botticellis, Michelangelos, Cranachs, um einige zu nennen, locken Besucher aus aller Welt in die Museen. Antonio Vivaldi komponierte das Oratorium «Juditha Triumphans».

Fasziniert von der blutrünstigen Szene? Schöne Frau tötet einen kräftigen Mann? Erzählt wird, Judith habe den mächtigen Feldherrn zum Schein verführt, mit Wein betrunken gemacht, um ihn mit seinem eigenen Schwert zu köpfen. Ihr Motiv war die Wut, sagt Silvia Costa, Regisseurin in Stuttgart. Treibt Frauen dazu, sich gegenüber Männern zu behaupten. Judith riskierte das Äußerste aus heutiger Sicht. Damals war es eine Befreiungstat. Das Thema Judith ist schon länger ein Thema in Filmen und Büchern. Seit #MeToo verstärkt. In Kürze erscheint das Buch «Rage become Her» auf Deutsch. Auf dass Meinungen sich multiplizieren.

Alice Schwarzer schrieb in ihrer Hauspostille

«Emma»: In Amerika habe Lorena Hobbits ihrem Mann mit einem Küchenmesser den Penis abgeschnitten. Nachdem er fremdgegangen, sie geschlagen und zum Schwangerschaftsabbruch gezwungen hatte. Alice erlebte den Protest von 343 Frauen, unter ihnen Catherine Déneuve, Simone de Bouvoire. Sie forderten, Abtreibung zu legalisieren. Proteste wütender Frauen in Deutschland und anderen Ländern folgten. Enttäuscht von der Politik. Das Foto auf dem Titel dieses Buches zeigt Französinnen, einig im Protest gegen von Männern erlassene Gesetze. «New Balance» ihr Motto. Gleiches Recht für Frauen.

Angst ist der existentielle Ausdruck einer Meinung. Die stärkste aller Emotionen bei Menschen und Tieren. Fürchtet das Schlimmste und schafft nichts Neues, sondern zerstört. Wenn auch nicht absichtlich. In den Auswirkungen aber negativ, sogar zerstörerisch wirken. Angst sei ein schlechter Berater, heißt es. Wie alle Emotionen, die Vernunft nicht steuern kann. Im Folgenden werden Beispiele aus verschiedenen Bereichen beschrieben. Sie machen deutlich, wie und warum Meinungen Wut oder Angst ausgelöst haben. Somit Einzelne oder Gemeinschaften motiviert, aktiv zu werden. Druck auszuüben auf andere.

Die Wut Martin Luthers auf Rom gab den Ausschlag. Er kritisierte den Vatikan, Geldgier und die selbstsüchtige Auslegung der Bibel, Macht zu behalten über Seelen und Körper. Begeisterte Menschen, die ebenfalls hoheitlichen Zwängen unterworfen waren. Oft arm und angewiesen auf einen gnädigen Gott. Auch Luther verstand ihn so und gewann die Herzen von immer mehr Menschen. Weil er anderer Meinung war als Rom. Diese andere Meinung gipfelte in Protest. Und aus Protest entstand eine neue, die evangelische Kirche. Protestanten genannt. Kein vernünftiger Mensch wird es Verrat nennen, als Irrweg bezeichnen. Protestantische Kirchen bestehen bereits seit über 500 Jahren.

Die Wut der Bauern in den Jahren 1524 - 1526 in einigen Ländern Europas richtete sich gegen Feudalherren. Leute, von denen sie Land gepachtet und dafür Abgaben zu zahlen hatten. Die Bauern also trugen nach wie vor die Hauptlast zur Aufrechterhaltung der Feudalherrschaft und des katholischen Klerus. Die von der Arbeitskraft der Bauern lebten. Als die Zahl der Nutznießer anstieg, erhöhten sie die Abgaben der Bauern. Verlangten den «Großzehnten» in Höhe von 10 bis 30 % des Rohertrages einer Ernte, Getreide oder Wein.

Einen «Kleinzehnten» mit Abgaben auf Kartoffel und Klee. Neben Steuern, Zinsen und Zöllen wurden sie zu Fron- und Spanndiensten verpflichtet. Also unbezahlte Arbeit zu leisten.

Viele, vor allem Kleinbauern konnten vom Ertrag kaum noch leben. Von Freude am Beruf konnte nicht die Rede sein. Einige wollten ihre Anbaumethoden ändern, modernisieren. Weil sie meinten, mit anderer Fruchtfolge oder einer Dreifelderwirtschaft verdienten sie mehr. Aber ihre Feudalherren lehnten die Vorschläge ab. Alles sollte beim Alten bleiben, Einkünfte gesichert.

In vielen Provinzen Deutschlands standen Bauern auf. Rotteten sich zusammen, mit Dreschflegeln und Sensen bewaffnet und dem entschiedenen Willen, ihre Interessen mit Gewalt durchzusetzen. Kleinere Gruppen und große bis zu 30.000 Bauern schlossen sich zu Kampfgruppen zusammen. Wählten einen der ihren zum Anführer und belagerten Burgen und Klöster. Anfangs noch vom Geist der Reformation motiviert, waren sie bald von Luther enttäuscht. Er schlug sich auf die Seite der Feudalherren. Predigte: «Seid untertan der Obrigkeit.» Schon bald dachten die Bauern nur noch daran, ihrer Meinung mit Gewalt Ausdruck zu geben, die bestehenden Verhältnisse zu ihren Gunsten zu ändern.

Bürger der freien Reichsstadt Memmingen sympathisierten mit den Bauern. Verhandeln wollten sie und keinen Krieg. Februar/März 1525 trafen sich dort 50 Vertreter der Bauernhaufen, um ihre Forderungen schriftlich zu formulieren. In 12 Artikeln jetzt erstmalig festgeschrieben. Eine Grundlage für Verhandlungen mit Feudalherren und dem Adel.

In anderen Gebieten wollte man davon nichts wissen. Bauern brandschatzten, plünderten und mordeten. Überzeugt, recht zu handeln. Kämpfe am 16. April 1524 in und um Weinsberg einer der vielen Aufstände in Schwaben, Allgäu, Provinzen mit vorwiegend landwirtschaftlicher Produktion.

Unter Führung des hitzköpfigen «Rohrbach» ließen die Bauern Ritter des verhassten «Grafen von Helfenstein» Spießruten laufen. Dieser schmerzvolle Tod Adeliger durch Stechen und Prügeln ging in die Geschichte als «Weinberger Bluttat» ein. Prägten das Bild des plündernden, mordenden Bauern. Für etliche Adelige damals Grund, sich gegen die Sache der Bauern zu stellen. Die Stadt wurde niedergerissen, Rohrbach bei lebendigem Leibe verbrannt. Anderen Anführern der Bauern erging es genauso, sterben mussten sie alle.

Die Zahl der Opfer in diesen Bauernkriegen wird auf 70 -75.000 geschätzt. Zahlreiche Burgen und Klöster zerstört. Aufgrund einer anderen Meinung? Wut, die damals die Köpfe beherrschte und sich in Mord und Totschlag äußerte. Anders ausgegangen als das «Hornberger Schießen». Groß getönt und nichts herausgekommen. Von den Bauern nicht angekündigt, sondern gleich losgeschlagen und Zehntausende Leben auf dem Gewissen. Eines Gewissens, das die Wut getötet und anschließend alles zerstörte, mordete, was ihrer Meinung nach Ursache ihres Elends war.

Auch Karl Marx äußerte sich zu diesem Thema: «Die Bauernkriege sind die radikalste Tatsache der deutschen Geschichte. Konsequent der Aufstand eines unterdrückten Volkes im Übergang vom Feudalismus zu Kapitalismus.» In der DDR waren die Bauernkriege zentraler Bestand der Geschichtsforschung an den Universitäten.

Am 17. Januar 2020 protestierten in ganz Deutschland wütende Bauern in vielen Städten. Allein in der Hauptstadt Berlin fuhren eintausend auf ihren Traktoren bis vor das Parlament. Gegen die Agrarpolitik der Regierung zu protestieren, die sie zu neuen Anbaumethoden zwingen will. Steuern erhoben auf nicht bewirtschaftetes Land. Nicht wenige Landwirte kämpfen bis heute ums Überleben. Ob sie erreichen, was sie forderten, ist noch nicht endgültig entschieden. Die Bürokratie umständlich, von Europa abhängig. Zu viele Interessen sind im Spiel.

Aber Traktoren, auf denen sie fuhren, die denkbar beste Werbung für den Bauernstand. Sympathie von allen, die es Im Fernsehen sahen, auf Titelseiten der Zeitungen. Man hat die Wut der Bauern verstanden. Ihre Meinung akzeptiert. Im 16. Jahrhundert aber konnte sich wütende Meinung trotz Anwendung von Gewalt nicht durchsetzen. Aber auch solche können mit der Sympathie vieler rechnen. Allen, die sich als Opfer fühlen. Könnten insgesamt acht Milliarden Menschen ihre Meinung äußern dürfen, werden es nicht wenige sein.

Bei der Angst hingegen geht es um Existentielles. Angst sucht Schutz vor Gefahren. Nachteile zu haben, Gesundheit und Leben zu verlieren. Folgen sie nicht der herrschenden Meinung. In Diktaturen wie der nationalsozialistischen in Deutschland z. B. Angst ließ nicht wenige das Parteiabzeichen tragen am Revers, obwohl sie keine überzeugten Nazis waren, ihre radikalen Sprüche verabscheuten. Kleine Hakenkreuzfahnen wehten an den Fenstern ihrer Wohnungen. Statt langer Fahnen wie bei den Nachbarn. In ihrem Wohnzimmer hing kein Führerbild. Blieben zuhause an Führers Geburtstag und besuchten einen Gottesdienst.

Manch einer mag als Zeuge bei Prozessen gegen sogenannte Volksfeinde bestellt, einen falschen Eid geschworen haben. Um nicht selber in Verdacht zu geraten. Rutschte ihm aus Versehen ein Wort über die Lippen, das als Kritik am Naziregime aufgefasst werden konnte. Passierte es einem, wurde er vernommen, vor Gericht gestellt. Unter Umständen gefoltert und zum Geständnis gezwungen. Wer seine Zeugenaussage verweigerte, musste damit rechnen, von Angehörigen der geheimen Staatspolizei - «Gestapo» und deren Spitzeln verfolgt und beobachtet zu werden.

Bevor die Nazis 1933 die Macht übernahmen, war Angst ihr Argument, Meinungen zu ihren Gunsten zu beeinflussen, damit sie gewählt wurden. Versprachen Arbeit, Wohnungen und Ordnung in einem neuen Staat, der sich um alle kümmern werde. Ihre Zielgruppe 6 Millionen Arbeitslose. Geplagt von Zukunftsängsten und der Angst vor Bürgerkriegsähnlichen Zuständen. Glaubten Hitler, der behauptete, Schuld an den schlechten Verhältnissen in Deutschland sei der Vertrag von Versailles und das Weltjudentum. Eine Mehrheit wählte 1933 Adolf Hitler zum Reichskanzler. Nicht ahnend, dass 12 Jahre später ihr Land in Schutt und Asche lag, 6,3 Millionen ihr Leben verloren. Weil Hitler von sich und seiner Sendung überzeugt war. Die Angst als Machtinstrument nutzte. Ein Volk von 80 Millionen einem Irren und seinen gehorsamen Paladinen aufgesessen.

Literaten wie Joachim Fest und Wissenschaftler versuchten im Nachhinein seinen Charakter zu deuten. Die Ergebnisse fielen sehr unterschiedlich aus. Bisher hat noch niemand einen Teufel analysieren können. Auch wenn er ein Mensch war, gut und böse von Natur. Wie jeder weiß aus eigener, leidvoller Erfahrung. Doch zwischen Gut und Böse muss es noch etwas geben, das mit uns macht, was es will.

Als vor hundert Jahren in Nordamerikas Bundesstaat Wyoming der «Yellowstone-National-Park» für das Publikum eröffnet war, staunte die ganze Welt. Berichte und Fotos umrundeten den Globus. Zeigten und berichteten über die Wunder dieser einmaligen Landschaft. Weite, unbewohnte Flächen, ausgedehnte Wälder, Berge, schroffe Felsen, Täler und Geysire. Immer wieder brechen Vulkane aus. Ihre hochschießenden Dämpfe sind schwefelgelb. Deshalb Yellowstone der Name des Parks. Unter seiner schönen Oberfläche brodelt bis heute ein riesiges Magmafeld. 80 km lang, 40 km breit, 10 km tief.

Dieser Nationalpark ist aber nicht nur durch seine geologische Beschaffenheit ein Sonderfall. Ein komplettes, funktionierendes Ökosystem sorgte für Vielfalt in Pflanzen- und Tierwelt. Pinienwälder wechselten mit weiten Tälern. An deren Bächen und Flüssen Weiden wuchsen, Erlen und Eschen. Waipiti-Hirsche, Gabelböcke und Bisons weideten und vermehrten sich. Fraßen Gras und alles frische Grün von Sträuchern und Bäumen. Sogar der mächtige Grizzli-Bär stampfte an Ufern, badete in Seen und Flüssen. Ernährte sich von Fischen, aber auch von Pflanzen und deren Früchten. Zustände wie im Paradies.

Auch Rudel von Wölfen unter der Führung eines Alphatieres unterwegs. Sie sorgten für Ausgleich und den Bestand dieser ideal zu nennenden Öko-Landschaft. Rissen Hirsche, verletzte Bisons und Gabelböcke, derer sie habhaft werden konnten und fraßen ihr Fleisch. Sodass der Bestand der Tiere, die sich ausschließlich von Grün ernährten, in etwa gleich blieb. Wiesen, Sträucher und Bäume konnten sich normal entwickeln. Doch der Mensch glaubte, wie leider zu oft, es besser zu wissen.

Schon bald nach der Eröffnung meldete sich die Angst. Einwohner und Besucher fürchteten, von wilden Tieren angefallen zu werden. Protestierten bei Behörden, in Zeitungen. Wölfe könnten Menschen anfallen, mit ihren scharfen Zähnen in Stücke reißen, um sie zu fressen. Die Regierung sah sich genötigt, dieser Meinung zu folgen und ließ alle Wölfe erschießen. Was wie Notwehr aussah, erwies sich bald schon als Meinungs-Diktatur. Angst der Auslöser.

Diesmal waren es Bürger, die ihre Meinung Beamten aufzwangen. Ihren Willen durchgesetzt. Alle Wölfe wurden erschossen. Schusswaffen sind in den USA bis heute der Willkür überlassen. Schwarze und Indigene immer noch im Visier von Unbelehrbaren. Von höchster staatlicher Stelle gedeckt. «Amerika first».

Im Laufe von Jahrzehnten änderten sich die ökologischen Verhältnisse des Nationalparks. Waipiti-Hirsche, Elche, Bisons, Gabelböcke vermehrten sich schnell. Fraßen alles, was grünte und spross. Mit den Jahren wurden keine Sträucher mehr groß, kaum noch Bäume so groß wie vorher. Öde Landstriche entstanden, Lebensräume vernichtet. Klein blieben Weidenbüsche, Uferränder zertrampelt, Fische, Lurche, Vögel, seltene Schmetterlingsarten verschwanden. Die Vielzahl nützlicher Insekten, weil ihnen die Lebensgrundlage fehlte.

Wissenschaftler erforschten zehn Jahre lang Ursache und Wirkung, kamen zu dem Schluss: Mit dem Wegfall der Wölfe fehlte der Regulator. Als natürliche Feinde rissen und sie Hirsche, Elche, Gabelböcke und verletzte Bisons, die sich nicht mehr wehren konnten. Und fraßen ihr Fleisch. Sodass sich der damalige Nationalpark auf natürliche Art und Weise entwickeln konnte. Werden und Vergehen in der Balance. Tiere starben, neue wurden geboren. Und es keimte, wuchs und spross. Paradiesisch geradezu: der berühmte Yellowstone-Nationalpark.

Wissenschaft und verständige Öffentlichkeit erreichten, dass 2012 Wölfe wieder eingeführt wurden. Heute stromern im Yellowstone zwei Rudel durch Wälder und Feuchtgebiete. Vermehren sich und sorgen wieder für Balance. Das Alphatier eine weiße Wölfin. Sie reißen wie gewohnt Waipiti-Hirsche, Elche, Gabelböcke und wehrlose Bisons. Wieder keimt und sprießt es. Pinien, Erlen und Espen wachsen wieder so hoch wie früher. Weidengebüsch an Bachufern wie in alten Zeiten. Fische kommen wieder, Vögel, Schmetterlinge. Sogar Biber gesichtet und Fischottern.

Ein seltener Fall, Gottseidank. Hier wurde die Angst überwunden. Eine Meinung korrigiert. Zum Wohl von Natur und Mensch. Von fressgierigen Wölfen keine Rede mehr. Diese Angst war ohnehin irrational, denn Wölfe meiden Menschen. In ihren Genen noch die Furcht vor Jägern, die sie in früheren Zeiten jagten. Heute überlässt man sie in begrenzten Revieren ihrem natürlichen Trieb. Füttert sie, wenn es sein muss. Daraus sollte man schließen: Aufklären ist besser als schweigen.

Sorge, eine abgemilderte Form der Angst, beeinflusst Menschen auch auf irrationale Art. Sie glauben an alles, was ihnen hilft, ein paar Kilo abzunehmen, Falten zu glätten. Husten lindert, den Schnupfen stoppt. Darmblähungen beseitigt wie weggeblasen. Jeden Tag ein, zwei Tafeln 100 %ige Schokolade essen sei gut für das Herz. Grünen Tee trinken, weil Grüne ihn für gesünder halten. Gurgeln mit Salbeitee beseitige Halsschmerzen. Pillen gegen und Salben für Alles und Jedes. Oder umgekehrt. Apotheken, Zufluchtsort für Sorgenvolle. Und Sorgen haben alle. Apotheken die meistfrequentierte Einkaufquelle in wirtschaftlich prosperierenden Ländern.

Hersteller und Versender haben rasch erkannt, dass Glaube an Wunder eine gute Geschäftsgrundlage ist. Starten Werbekampagnen, die Sorgen von Menschen in Umsatz und Gewinn umzuwandeln. Bringen immer neue Produkte auf den Markt. Das Rohmaterial angeblich aus allen Teilen der Welt. Je exotischer ihre Namen klingen umso wirksamer die Werbung. Ginseng, Lotos oder Safran allein versprechen schon Wunder. Safran im Orient bei Menstruationsbeschwerden erfolgreich, bei Magen- und Darmkrämpfen. Es mag ja stimmen, wenn man es glaubt. Die Psyche immer schon die beste Medizin.

Ärzte wissen das und verschreiben Placebos, weil sie diese Art von eingebildeter Krankheit richtig einschätzen. Und siehe da, viele fühlen sich geheilt, empfehlen es Freunden und Bekannten. Auch außerhalb von Wartezimmern wirkt Glauben Wunder. Nüchterne Zeitgenossen nenne es Aberglauben. Frau aber überzeugt, färbe ich meine grauen Haare kastanienbraun, finde ich bald den richtigen Mann. 70jähriger in kurzen Shorts, Taitoos an den Waden, im Kopf: jetzt geht es erst richtig los. Nichts anderes als die Sorge, vielleicht auch nicht eingestandene Angst vor Altwerden und Sterben.

Meinungsvielfalt das neue Paradies?

„Paradies ist ein Zustand, kein Ort." Bekannte Heinz M., der es wissen könnte. Auf alles Gewohnte jetzt verzichtet und begonnen, auf der Mittelmeerinsel «Gomera» das wahre Leben zu entdecken. Schläft in einer Felsenhöhle. Spaziert tagsüber am Strand entlang, sieht die Sonne auf und eintauchen. Das Licht auf den Wellen tanzen. Und alles, was sie Tag und Nacht an den Strand schwemmen. Hebt Muscheln und Seeigel auf, sie zu garen über offenem Feuer. Tang kaut er roh oder wie Gemüse zubereitet. Abgeschmeckt mit Salz aus der Saline und dem Saft ausgepresster Zitronen.

Zigaretten raucht er schon länger nicht mehr. Haare lässt er wachsen, Nägel an Fingern und Zehen. Meint, sie werden von selber abfallen. Neandertaler hätten auch keine Nagelscheren gehabt. Wasser, das einzige, das er kauft, solange das Geld reicht. Wie es danach weitergeht, kümmert ihn wenig. Irgendein Wunder werde schon geschehen.

In «Comestibles Maria», dem Allerweltsladen des Dorfes bekommt er nicht nur Quellwasser in 5-Literflaschen zum günstigen Preis. Auch auf Kredit, wollte er es. Ist er nett zu Maria, der Inhaberin, schwätzt ein bisschen über Politik, Kirche und lästige Touristen, sei sie großzügig. Schenke ihm sechs frisch gelegte Eier, ein paar Orangen oder Bananen, auch die frisch am Morgen gepflückt. Großzügig sei sie in der kalten Jahreszeit. Noch bevor er den Mund aufmacht, zieht sie ihren Wollschal eng um den Hals, schlägt beide Arme um sich mehrere Male und jammert: „Mucho frio", sehr kalt. Das Thermometer in ihrem Laden zeigt 19 °C. Schenkt sich selbst und ihm ein großes Glas Kognak ein: „Salud." Ein wenig Spanisch hat er gelernt: „Salud Señora Maria, muchas gracias."

Ab April werde es schon früh sehr warm, sodass er nackt herumlaufen kann. Ins Meer springen, täglich baden wie früher nie. So geht es bis zum Oktober. Die Wintermonate bleiben warm. Nie unter 15 °C. Kein Problem, draußen zu bleiben, sich in den Sand legen. Den Himmel sehen wie eine blaue Halbkugel über ihm, auf deren Innenseiten weiße Wolken segeln. Den Wind hören, mal fauchen, hauchen, mal singen. Er kennt mittlerweile seine Melodie und liebe sie. Spüre sie auf der Haut, Körper und Seele erfassen. Unmittelbar, beglückender als Songs von Mick Jagger oder den Beatles, die mittels technischem Gerät nur die Ohren erreichen.

Ein freundlicher Schäfer schenkte ihm ein komplettes Schafsfell, als er für ihn eine Woche lang seine Schafe hütete. Es habe ihm Spaß gemacht, zuzusehen, wie sie fressen, widerkäuen, Vier kleine Lämmer sich an ihre Mama drängen, an ihren Zitzen säugen, bis sie satt sind. Mal fliehen, mal seine Nähe suchen. Als hätten sie ihre Meinung geändert.

Der so freimütig seine Meinung für eine Fernseh-Dokumentation äußerte, ist ein lediger 46jähriger Mann, Es ziehe ihn nie mehr zurück ins hektische Düsseldorf. Hier hätte er seine Ruhe. Könne machen, was er wollte. Auf nichts und niemand Rücksicht nehmen, nur weil es der Anstand gebietet. Seine Gedanken ungestört schweifen lassen bis hinter den Horizont. Zum Nachdenken gäbe es mehr als genug.

Die 20jährige Anne S. unterbrach ihr Studium, um zwei Monate lang auszuprobieren, wie es sich anfühlt, längere Zeit mit Nichtstun zu verbringen. Auf die Frage, ob sie sich hier ein ganzes Leben vorstellen könnte, antwortet sie nicht sofort. Zuckte die Achseln und schien nachzudenken. Dann sprudelte es aus ihr heraus: „Ich finde es hier paradiesisch. Genieße es jeden Tag, jede Sunde, jede Minute. Das Gefühl, eine andere zu sein auf dieser Insel. Dann aber überfielen sie Zweifel. Freunde weg, kein Auto, keine Disco am Abend. Sich treiben lassen auf Düsseldorfs Prachtstraße, der «Kö».

Nein, die zwei Monate waren wunderbar, ich möchte sie nicht missen. Aber ich fliege zurück.

Im Land der unbegrenzten Möglichkeiten entstand in den 50er Jahren eine Bewegung Jugendlicher, die sich Hippies nannten. San Francisco die Urzelle. Zwei Worte «Sommer of love» und «Woodstock» hatten zur Folge, dass sich Millionen junge Menschen in vielen Ländern dieser Bewegung anschlossen. Hippies verstanden sich als Gegenkultur ohne politisch aktiv zu sein. Aber einer Meinung. Ihre Ziele: aussteigen aus gesellschaftlichen Konventionen, festgelegten Rollen. Sie wollten dem kapitalistischen Leistungsdruck entfliehen, dem Konsumzwang. Anders als bei herkömmlichen Erziehungs- Methoden wollen sie nicht von Eltern und Lehrern in die Erwachsenwelt eingeführt werden. Sondern es in Gemeinschaft mit Gleichaltrigen hautnah erleben. Ihr Motto: «Gleichheit - Frieden - Freiheit».

Äußerlich sollte man es ihnen ansehen. Die vornehme Kleidung von Kindern reicher Eltern oft verschmutzt, zerrissen und abgenutzt. Einfache Klamotten aus billigen Stoffen selbst genäht. Extravagant auf ihre Art die Kleider. Anders ihre Art sich zu bewegen. Liefen barfuß im Winter, in

Pelzmänteln, zeigte das Thermometer 30° C. Heute scheint diese Lebensweise wieder aktuell zu sein. Löchrige Jeans liefert die Mode-Industrie. Ob sich die Meinung in den Köpfen auch geändert hat? Protestieren wollen sie ganz sicher auch. Ob auch mehr dahinter steckt als Mode?

Damals bewegte junge Menschen keine Mode, sondern eine Philosophie. Die nichts anderes anstrebte als frei zu sein. Lebten in kleinen oder größeren Kommunen. Wohnten in Zelten oder billigen Quartieren, gerne auf Ibiza und Mallorca. Gewaltfrei, gut gelaunt und aufgeschlossen. Ein Sonnenuntergang, ein Marienkäfer konnte sie glücklich machen. Rauchten gern und viel Marihuana oder nahmen LSD. Niemand anderes kam zu Schaden, weil sie nicht gewaltsam revoltierten.

Neue Formen der Musik, Bands entstanden in dieser Zeit. Texte waren wichtiger als vorher, die neue Freiheit zu verkünden. Bands wie The Beatles, The Who, Pink Floyd und Frank Zappa ließen alle Welt wissen: jetzt weht ein neuer Geist, ändert eure Meinung. Selbst Erwachsene begannen, sich Gedanken zu machen. «All you need is love». Alles, was du brauchst, ist Liebe.

Wenige Jahre später, in den 1968er Jahren änderte es sich. Bisher friedlich geäußerte Meinung wurde in Deutschland Überzeugung. Politische Agitation. Die Meinung einer wachsenden Gruppe von Jugendlichen wollte denen eine Stimme geben, auf die Abgeordnete nicht hören. Schon gar nicht deren Meinung im Parlament diskutieren. Begüterte, Privilegierte in Firmen und Parlament waren die Feinde der «APO», außerparlamentarischen Opposition. Nicht von Arbeitern gegründet, wie man vermuten könnte, sondern von Studenten, der kommenden geistigen Elite.

Gewannen, von ihrer Sendung überzeugt, viele Studierende als Mitstreiter. Protestierten in Hörsälen, auf Straßen mit Transparenten und Sprechchören. Für die Presse war es ein gefundenes Fressen. Für staatliche Stellen Anlass, einzugreifen. Polizei versuchte, den Schaden zu begrenzen. Ansammlungen von Studenten zu zerstreuen. Es reichte, dass einer zur Waffe griff und den Studenten «Benno Ohnesorg» am Hinterkopf schwer verletzte. Da wurde jedem klar: irgendwas ist nicht in Ordnung.

Der 1967 begonnene gewaltlose Widerstand der APO gegen das Establishment fand ihre Fortsetzung in der «RAF». Aus Überzeugung wurde Ideologie. In der «Rote Armee Fraktion» fanden sich radikale junge Leute. In den Augen des Staates eine linksextremistische, terroristische Vereinigung. Ihr Ziel, das bestehende System zu stürzen. Koste es, was es wolle. Mit Terroraktionen wollten sie sich Gehör verschaffen. 1971 ihr erstes Opfer Petra Schelm, selbstkritisches Mitglied ihrer Vereinigung. Sie erschossen sie und nach ihr noch etliche unliebsame Mitglieder. Verübten Terroranschläge bis in die 80er Jahre. Ihre Opfer Polizisten, Zivilisten, Richter, einen Generalstaatsanwalt. Chefs von Unternehmen, Banken und höchsten staatlichen Stellen. Namen wie Alfred Herrhaus, Siegfried Bubach, Hanns Martin Schleier erschütterten das Land.

Zwangen die Regierung, den Kanzler Helmut Schmidt, schwerwiegende Entscheidungen zu treffen. Im Ostafrikanischen Mogadischu gelang es ihnen, ein von der RAF gekapertes Flugzeug zu befreien und alle in Geiselhaft genommenen Menschen, Passagiere, den Co-Piloten. Jürgen Schumann, den ersten Piloten, erschossen sie , als er seinen Sitz verlassen, im Gang die Passagiere beruhigen wollte.. Nicht lange danach war diese radikale Meinung Einzelner gescheitert. Die Rädelsführer im Gefängnis. Gudrun Ensslin, Mitbegründerin der RAF, beging dort Suizid. Ein irdisches Paradies sieht anders aus. Auch in den Köpfen der 68er Generation.

«Uschi Obermeier», in diesen Jahren eine Ikone der sexuellen Revolution. Das ehemalige Model zeigte nicht nur ihr schönes Gesicht. Mode-Fotografen wollten ihren Körper ablichten, als sie sahen, sie bewegt sich frei und ungeniert. Zieht sich aus vor aller Augen, um ins Modellkleid zu schlüpfen. Redet im Studio, auch bei Presse-Interviews über ihre Affären mit Männern. Die Pille, gerade erfunden, sei ein Glücksfall für die Frau. Frühstück mit Champagner und Kaviar. Einer Linie Heroin und einem Joint. Psychoanalytiker erklären, Drogen narkotisieren den Verstand und lassen träumen, halluzinieren von Himmel und anderen Glückseligkeiten. Eins mit sich und ihrer Meinung über das Sein.

Realiter lebte Uschi als Mitglied der Berliner «Kommune 1» eine Zeit lang mit Rainer Langhans, Dieter Kunzelmann, Fritz Teufel. Mit Mick Jagger und Keith Richards ging sie eine Liaison ein.

Berühmte Fotografen entdeckten die schöne Frau. Helmut Newton und Richard Avedon. Bald schon sah man Fotos von ihr in Vogue, Elle und anderen führenden Modeblättern. Uschi Obermeier, das Mädchen aus Bayern, weltweit bekannt als das neue Sexsymbol. Die sich zu bewegen weiß, um Männer zu gefallen. Immer mehr junge Frauen schienen Uschis Meinung zu sein. Könnten wie sie Männer um den Finger wickeln. Böten sie sich ihnen als Sexobjekt an. Sex der Himmel auf Erden. Der Pille sei Dank.

Wohlwollend könnte man dies eine friedliche Meinungs-Diktatur nennen. Aber auch Vorbilder können Druck ausüben. Wenn sie den Verstand ignorieren und nur Emotionen ansprechen. Alles Gelernte, Erlebte und moralische Bedenken sind dann vergessen oder werden geleugnet.

Heute scheinen die Menschen nüchterner geworden zu sein. Aber in vielen Köpfen geistert noch immer Sex. Ihre Kleider kurz, die T-Shirts eng, ultrakurze Hotpants lassen sehen, was früher bedeckt war. Ebenso tiefe Ausschnitte von Pullis oder Blusen. Knapp sitzende Jeans bei jungen Männern, die das Gemächt betonen. Meinungen bestimmen immer noch das Handeln der Menschen. Ob sie der Mode folgen oder einer anderen Idee.

Seit Menschengedenken folgen Individuen Ideen. Der Meinung, es würde ihnen helfen, Vorteile bringen. So verschieden ihre Vorstellungen auch sein mochten. Menschen folgen leicht einer Meinung, wenn sie wie ein Versprechen klingt. Von Kaisern, Führern, Priestern, Horoskopen und

Wahrsagerinnen. In der Antike pilgerten Griechen von weit her zum Apollotempel in Delphi. Um von einer Seherin ihre Zukunft zu erfahren. «Phytia» nannte man die Frau, die auf einem Dreifuß sitzend, die Zukunft deutete. Von aufsteigenden Dämpfen aus einem Spalt im Gebirge umnebelt. Ihre Vorhersagen waren meist mehrdeutig.

In der ausgehenden Renaissance folgten Fürsten den Empfehlungen Machiavellis, dem Vertreter des Herrschaftsprinzips. Jahrhunderte später Hitler seinem größenwahnsinnigen Impetus.

Rumänien bestätigte Wahrsagerinnen in den 1970er Jahren per Gesetz den Status selbstständiger Unternehmer. Dort glauben 82% der Bevölkerung an deren Weissagungen. Selbst in höchsten politischen Kreisen. Als die Regierung auch für sie eine Einkommensteuer diskutierte, protestierten sie vehement. Zogen des Nachts in einer langen Prozession an die Donau. Streuten Katzenkot ins Wasser und sprachen über das Parlament Flüche aus. Nannten Abgeordnete beim Namen. Das Gesetz wurde nicht verabschiedet.

Der Glaube spielt immer schon eine wichtige Rolle in der Meinungsbildung. Versprechen von Religionen werden ernst genommen. Der Himmel sei allen sicher, die ihre Sünden bereuten. Beichten eine der Möglichkeiten. Andere fasten, pflegen Kranke, nehmen Obdachlose auf. Der Meinung, es wird sie dem Himmel näher bringen. Andere machen eine Wallfahrt. An vielen Orten wurden Männer und Frauen verehrt, die auf Erden heiligmäßig gelebt und Wunder vollbracht haben. Gläubige zog es immer wieder zu Kirchen und Orten, an denen sie verehrt wurden. Trost zu finden oder geheilt zu werden von einer Krankheit.

Pilgerreisen haben seit 4. Jahrhundert n. Chr. Konjunktur. Im 16. Jahrhundert nutzte Ordensgründer «Ignatio von Loyola» sie, um den wachsenden Protestantismus zu stoppen. Förderte die Heiligenverehrung. Überzeugt, Katholiken blieben Rom treu, könnten sie zu vielen Orten pilgern. Um Gott durch Vermittlung eines Heiligen näher zu kommen. Bekannt war, dass Gläubige größte Strapazen auf sich nahmen. Der Meinung, geheilt oder gesegnet wieder heimzukehren. Ignatio veranlasste, so viel wie möglich Kirchen, Kapellen und Klöster in Wallfahrtsorte umzuwandeln. Der dort bisher wegen seiner Wundertaten verehrte Heilige sollte jetzt Ziel von Pilgerreisen sein. Gläubige von weit her anziehen.

Er ließ neue einrichten. Auch Quellen waren ihm willkommen, den Wunderglauben zu stärken. Nachdem ihr Wasser Krankheiten geheilt habe, diese Orte immer wieder aufgesucht wurden. Diese zum Wunderglauben mutierte Meinung der Menschen kam seinen Plänen entgegen. Die Rechnung ging auf.

Abertausende Katholiken ergriffen die Chance. Im Kopf: ich werde gesegnet oder geheilt sein, bete ich zur Gottesmutter Maria, einem oder einer Heiligen. Sie werden im Himmel für mich bei Gott ein gutes Wort einlegen. Und mein Gebet erhören. Nahmen auf Pilgerreisen lange Wege und Mühsal in Kauf, im festen Glauben, am Ende belohnt zu werden. Viele neue Pilgerorte entstanden. Ungezählte Pilgerherbergen. Ziel ihrer Reise das Grab oder ein Knöchlein als Reliquie des dort verehrten Heiligen. Ein Zeichen seiner Wunder wirkenden Kraft.

In allen katholischen Ländern entstanden Wallfahrtsorte. Entstehen immer noch. An vielen wird die Gottesmutter verehrt. Die bekanntesten Lourdes und Fatima, wo sie im 19. Jahrhundert drei Hirtenkindern bzw. einem Mädchen erschienen ist. Das Grab des Apostels Petrus in Rom, auch wenn bisher noch Beweise fehlen. die Reliquie des Heiligen Hugo von Cluny in Paray-le-Monial, Frankreich. Die Selige Maria Klementina Nangapeta im Kongo. Der Heilige Jakob in Santiago di Compostella, Galicien. Der längste und berühmteste Pilgerweg.

Seit dem 9. Jahrhundert pilgern Menschen aus vielen Ländern Europas in die spanische Stadt. Die Jakobsmuschel Symbol und Abzeichen. An Rucksack oder Kleidung geheftet, einander zu erkennen. Als Wegweiser auf dem Jakobsweg, an allen Herbergen unterwegs zum Pilgerort. Der Weg ist ihr Ziel. Unterwegs sein, befreit von Alltag und Stress. Hunderte, tausend und mehr Kilometer zu Fuß. In Pilgerherbergen nächtigen, sich verpflegen für den nächsten Streckenabschnitt. Wandern und beten, denken, Meinungen austauschen mit anderen. Glücklich, dass es nur die Konsequenz hat anzukommen. Sich als ein neuer Mensch zu fühlen. Und wissen, es gibt anderes, das sich lohnt.

Frankreich, seit Beginn Durchgangsland vieler Pilgerströme in Mitteleuropa, hatte 1789 mit der Revolution die Macht der Kirche gebrochen. Aber die Menschen sind dennoch religiös. Besuchen Gottesdienste und pilgern nach Vezelay. Einer der frühen Stationen auf der Wallfahrt nach Santiago di Compostella. In der Kathedrale das Grab der Hl. Magdalena.

Frankreich immer schon ein Land, das religiöse Erneuerer hervorgebracht oder aufgenommen hat.

«Roger Schutz» floh 1940 vor den Nazis nach Taizé. Nahe Cluny, der im Mittelalter größten Kirche
des Abendlandes. Mit ca. 1500 Kirchen und Klöstern in ihrem Einzugsbereich. Roger Schutz gründete nach dem Krieg die «Communauté de Taizé».
Einen ökumenischen Orden mit der Grundformel
Einfachheit, Freude und Barmherzigkeit. Geprägt
vom Bemühen, Frieden zu stiften. Gesprochene
Worte schlicht und für jeden verständlich. Vor allem Jugendliche aus aller Welt reisen immer noch
zu den Treffen in Taizé. Den Geist einer Gemeinschaft zu erfahren. Der auch den Moslem als
Freund betrachtet. Weil auch er auf der Suche
nach der Wahrheit ist.

Literaten wie «Paul Claudel» und «Georges Berna-
nos» interpretieren Mensch und Glauben auf ihre
Art in Büchern und Theaterstücken. «Marcel Proust»
schätzte die Jakobsmuschel in Form eines Gebäcks,
genannt «Madeleines». Mehrmals am Tag zelebrierte
er den Essvorgang wie eine heilige Handlung.
Tauchte das Honiggesüßte Gebäck erst in heißen
Tee, bevor er es aß. Sagte jedem, der es hören wollte:
Dieses Gebäck inspiriert und lässt mich erkennen,
was ich schreiben muss. Jeder Bildungsbürger kennt
sein Buch: «À la recherche du temps perdu». Auf der
Suche nach der verlorenen Zeit.

Schnell ändern sich Gewohnheiten, wenn der Zeiten Geist bestimmt, was wie zu sein hat. Seit «#MeToo» Mode ist, folgen dieser Bewegung nicht nur Frauen, die von Männern belästigt wurden. Auch Frauen, die sich auf Bühnen in aller Welt als die Schönsten präsentieren. Sie müssen heute anders sein, um bei Schönheits-Wettbewerben den neuen Typus Frau zu präsentieren. Sich selbst als die, die sie sind. Was aber ist das neue Merkmal, wenn nicht die Schönheit ihres Körpers? Jugend und ideale Body-Maße? Mit Schminke vortäuscht, was von Natur nicht existiert. Zwei, drei Warzen, eine Narbe verdeckt.

«Personality», eine Qualität, die seit kurzem in Firmen von Bewerbern für Führungspositionen verlangt wird, jetzt auch bei Schönheits-Wettbewerben der neue Maßstab. Gründer und Organisator der «Miss-Germany-Corporation» will mit der Zeit gehen und einen neuen Typ Frau präsentieren. Kümmert sich persönlich um diese neue Qualität bei den sechzehn jungen Frauen, die sich nach der Vorwahl als Bewerberinnen für den Titel 2020 qualifiziert hatten.

Gefragt sind Diversität, also vielseitig interessiert, Mut, Durchsetzungs-Vermögen und Einzigartigkeit. Trainiert wird auf Gran Canaria in einem

Luxushotel., damit 's Spaß macht. Und jede der sechzehn Individualistinnen nach drei Wochen der neuen Norm entspricht. Am 15. Februar 2020, bevor Corona die Welt aus allen Träumen riss, wurde Leonie von Hase zur Miss Germany gewählt. 35 Jahre und ein Kind. Ihre Figur nicht gerade ideal. Ihre Personality gab den Ausschlag. Wer mag wohl in der Kommission gesessen und abgestimmt haben? Der Zeiten Geist ist mächtig.

Der Faktor Zeit

Meinung, Überzeugung oder Glaubensinhalte müssen geäußert werden, sollen andere Stellung dazu nehmen, akzeptieren oder ablehnen. Seit Adam und Eva wollten Menschen sich verständigen, ihre Meinung austauschen, bevor sie sich entschieden zu handeln. Kommunizieren, wie es heute heißt. Die Äußerung von Meinungen ist also von existentieller Bedeutung, Zusammenleben erst möglich. Sokrates hat Recht: der Mensch ist ein Gemeinschaftswesen, auf andere angewiesen. Man spricht miteinander, tauscht Meinungen aus und zieht die Konsequenz. Sprachen bildeten sich innerhalb geschlossener Gruppen. Jede von ihnen unabhängig von anderen Clans und Volksstämmen. Indigene Völker haben in Reservaten ihre Sprache bis heute beibehalten. Eine Sprache, die nur sie selber verstehen. In Gesprächen ist die Distanz, also die Zeit zwischen Absenden und Ankommen einer Meinung, die kürzeste.

Bei Volksstämmen im Orient sind Meinungen, mündlich geäußert, noch gängige Praxis. Trotz Handy, Rundfunk und Fernsehen beliebt. Weil sie authentisch und glaubhaft sind. Entscheidungen erst getroffen werden, wenn sie wissen, wer sie für gut befunden hat. Die traditionelle Feuerprobe wird heute auch noch durchgeführt. Wenn man nicht weiß, wer von zwei Menschen die Wahrheit gesagt oder gelogen hat. In für friedliches Zusammenleben wichtigen Fällen ordnet der Stammesälteste die Feuerprobe an. Zum Beispiel, wenn einem Zeltnachbar ein Kupfergeschirr gestohlen wurde. Das Vertrauen gestört, zwei Männer verdächtigt. Er fährt mit beiden mit öffentlichen Verkehrsmitteln, Bus oder Bahn zu einem weisen Mann, der diese Feuerprobe durchführt. Es kann einen halben Tag und länger dauern, bis sie ankommen.

Jeder der beiden wird gefragt, ob er sich schuldig fühlt, ja oder nein. Gleichzeitig seine rechte Hand eine halbe Minute über glühende Holzkohlen halten. Wessen Hand keinerlei Spuren der Verbrennung zeigt, sagt die Wahrheit. Geglaubt und wirklich geworden wie die Befreiung vom Bösen beim Feuertanz der Nestinasi in Bulgarien.

Im alten Ägypten hatte jeder hohe Beamte einen eigenen Schreiber. Könige einen lebenslang angestellten Hofschreiber. Ihre Namen großenteils bekannt, wie die ihrer Könige. Hoch geachtet beim Volk. Unentbehrlich, aufzuschreiben, was den Herrscher des Landes auszeichnete. Um es die Nachwelt wissen zu lassen. Einige ihrer Papyri sind erhalten geblieben. Üblich waren Schriftzeichen, Hieroglyphen genannt.

1826 konnte der Sprachwissenschaftler Jean-«François Champollion» sie entziffern. Es gelang ihm, als er einen beidseitig beschriebenen Stein fand. Auf einer Seite in Hieroglyphen, auf der anderen in griechischer Schrift. Als Experte in Sprachen verglich Champollion Zeichen für Zeichen, Silbe für Silbe. So konnte er den kompletten ägyptischen Text entschlüsseln. Jetzt war es möglich die grandiose Welt des alten Ägyptens zu verstehen. Mit ihren Göttern und Kulten, Tempeln, Symbolen. Lebensweisen aller Schichten der Bevölkerung. Die Schilderung von Tatsachen gelangte nach Jahrtausenden nicht nur ins Frankreich des 19. Jahrhunderts. Sondern, in viele Sprachen übersetzt, in alle Welt. Solange sich Menschen für das alte Ägypten interessieren. Die Distanz vom Tag der Niederschrift bis zum Empfänger wird folglich immer größer. Aber sie kommt an.

Die christliche Botschaft, entstand im Orient. Wie üblich mündlich verkündet durch überzeugte Menschen, die sie wiederum anderen erzählten. Räumliche Nähe ermöglichte Direktkontakte in Familie und Siedlungen. Am selben Tag, längstens nach einer Woche erfuhren die Menschen von den Ereignissen im Heiligen Land. Die Apostel hatten Jesus noch selber erlebt oder von Freunden erfahren und weiter erzählt. Tief beeindruckt von den Worten des Sohnes Gottes, seinen Wundern, Kreuzigung, Tod und Auferstehung. Jeder der vier Evangelisten beschrieb es so, wie es auf ihn wirkte. Ließ weg, oder ergänzte, weshalb sich ihre Evangelien durch Auswahl und Umfang ihrer Erzählung unterscheiden. Erkennbar an ihren Namen Matthäus, Markus, Lukas und Johannes.

Wann diese «Evangelium» - Frohbotschaft - genannten Erzählungen erstmals niedergeschrieben wurden, ist nicht genau zu datieren. Lange war man auf zufällig gefundene Bruchstücke von Texten auf Papyri angewiesen. Aber wegen ihres schlechten Zustandes nur schwer zu entziffern. Einer der Texte stammt aus dem Jahr 120 n. Chr. Bruchtücke des Johannes-Evangeliums, in griechischer Sprache geschrieben. 1844 entdeckte der Theologe und Handschriftendeuter Konstantin von Tischendorf auf Sinai einen alten Kodex.

Ein Kodex aus kleinformatigen, übereinander gestapelten Papyri beansprucht weniger Platz als die bis dahin übliche Schriftrolle. Billiger in der Herstellung und platzsparend aufzuheben. Noch aber nicht so klein und schmal wie die meisten unserer Bücher, die bequem in Regale passen. Dieser Kodex wird von der Wissenschaft nach seinem Fundort «Codex Sinaiticus» genannt. Beschriebene Papyri aus dem 4. Jahrhundert n. Chr. Mit Teilen des Alten und dem vollständigem Neuen Testament des Apostels Johannes.

Die erste in Schriftform erhaltene Bibel in altgriechischer Sprache. Seine Reichweite naturgemäß begrenzt auf Menschen, die Griechisch lesen konnten. Der Leser zwar sofort informiert. Anderen aber musste die Botschaft weitergesagt werden. Zuhörer finden in einem Gespräch. Größere Gruppen hörten die Botschaft erst, als bald danach Pilgerzüge in Mode kamen. Im Katharinen-Kloster am Fuße des Berges Sinai mehr erfuhren. In Gottesdiensten und Gesprächen. In diesem Fall vierhundert Jahre später, als die Botschaft verkündigt, sprich abgesendet war.

Die christliche Botschaft faszinierte auch Saulus, einen Juden, der die Römische Staatsbürgerschaft besaß. Überzeugt, dass nicht die Befolgung von Gesetzen den Menschen rettet, sondern der Glaube an Christus. Besessen geradezu von der Idee: Alle Menschen sollten an Jesus, Gottes Sohn glauben. Mit ihm im Himmel vereint werden. Begegnete dem Auferstandenen Jesus bei Damaskus, der ihn aufforderte, als Paulus das Evangelium zu verkünden. Reiste zu vielen Gemeinden der damals bekannten Welt. Predigte im Direktkontakt zu Menschen, sie zu überzeugen. Hielt den Kontakt zu ihnen, indem er Briefe an sie schrieb. Gab ihnen Ratschläge, die üblichen Streitereien zwischen Judenchristen und Heidenchristen zu schlichten. Im Zentrum seiner Briefe Jesu Tod am Kreuz und seine Auferstehung.

Diese Briefe haben kein Adressfeld wie bei uns. Aber vor dem eigentlichen Text sind Namen und Wohnort des Empfängers genannt. Am Schluss sein Name, Paulus. Übermittelt wurden diese Briefe wahrscheinlich mit Boten, die er als römischer Bürger in Anspruch nehmen konnte. Sieben von dreizehn «Episteln» - Briefen konnten als echt erkannt werden. Geschrieben wurden sie um die Mitte des 1. Jahrhunderts. Die Botschaft kam also mit einer Verzögerung von ca. 50 Jahren an. Zuletzt auch bei den Menschen in Rom. Bald schon entstand dort die erste christliche Gemeinde. Heute werden sie in der katholischen Messe vor dem Evangelium als «Epistel» vorgelesen. Kommen also gut zweitausend Jahre nach ihrer Niederschrift an. Fortschreitend später, solange in Kirchen die Messe gefeiert wird.

Die in den ersten Jahrzehnten mündlich und brieflich verkündete Christliche Botschaft erreichte erst eine größere Zahl von Empfängern, als immer mehr Klöster gegründet wurden. In vielen Ländern Europas schrieben Mönche die Evangelien auf Pergament. Illustrierten sie und banden sie zu Büchern mit festen Einbänden aus geprägtem Leder. In ihren Bibliotheken konnte jeder der lateinischen Sprache mächtige Mönch sie lesen. Solche Bibeln wurden nicht für das allgemeine Volk geschrieben. Sondern in erster Linie für die Klostergemeinschaft. Im «Ordo Missae», dem Messbuch, sind ausgewählte Texte der Evangelien für das Kirchenjahr, Wochen- und Festtage genau festlegt.

Eine größere Reichweite erreichte das Evangelium, als immer mehr Kirchen gebaut und studierte Priester es ihren Gläubigen in der Sprache ihres Landes verkündeten. Noch war es das gesprochene Wort, das sich verbreitete. Je mehr Kirchen gegründet, je mehr Menschen sich taufen ließen, umso mehr lernten die Meinung der Kirche zu Glauben, Sünde und Erlösung kennen. Alle mit einer Zeitverzögerung bis zu tausend und mehr Jahren. Die Zukunft ist offen.

Im weltlichen Bereich waren es Tage, Stunden manchmal. Adelige und Heerführer ließen ihre Anweisungen per Boten melden. Wenn 's wichtig war, auch in schriftlicher Form. Verdikte politischer oder religiöser Art ließ man auf Pergament schreiben. Besiegelte sie, indem man seinen Stempel in rotes Wachs drückte. Meist begrenzt auf einzelne Personen. Bei Päpsten war es die gesiegelte «Bulle», verbindliche Weisung für weltliche Potentaten. Die Distanz zwischen Absenden und Ankommen abhängig von der Art der Beförderung.

Meist waren es reitende Boten, oder Kuriere in Kutschen wie Kardinal «Richelieu». Der als Botschafter seines Königs die Meinung Frankreichs auf dem «Wiener Kongress« 1814/15 vertrat. Geschätzte Zeit eine Woche. Napoleon schrieb auf seinen Feldzügen jede Woche seiner Frau «Joséphine de Beauharnais» einen Brief. Das Papier wird ebenso lange unterwegs gewesen sein.

Erst Martin Luther und Johannes Gutenberg ist zu verdanken, dass nun alles schneller und leichter ging. Befehle, Meinungen, Glaubenssätze, Liebesgeständnisse, Neuerungen aller Art sich schneller verbreiteten als zuvor. Luther übersetzte die Bibel ins Deutsche. Gutenberg erfand etwa zeitgleich eine neue Drucktechnik. Eine Maschine, auf der mit aus Blei gegossenen Buchstaben ganze Seiten gedruckt werden konnten. Schneller und exakter auch große Auflagen hergestellt. Bis zu vier Seiten konnten in einem Gang, ein ganzes Buch an einem Tag gedruckt werden. An dem bisher in Klöstern höchstens zwei oder drei Seiten mit Gänsekiel und Tinte mühsam Buchstabe nach Buchstabe zustande kamen.

Mit gedruckten Bibeln konnte die christliche Lehre rasch verbreitet werden. Über Ländergrenzen, Ozeane hinaus helfen, ganze Völker zu bekehren, die bis dato anderer Meinung waren. Andere Götter anbeteten und ihren eigenen Himmel hatten. Das gedruckte Buch war aber nicht nur Multiplikator einer Glaubensrichtung. Alle profitierten davon: Fürsten, Bürgermeister, Wissenschaft, Universitäten, Schulen und Geschichtenerzähler. Letztere konnten mit hohen Auflagen rechnen und damit viele Leser erreichen. Erhielten Provision für jedes Buch, mit dem sie die Meinung ihrer Leser hofften zu beeinflussen. Buchliebhaber müssen ihre Leselust auch heute noch teuer bezahlen. Weil Herstellung, Transport- Lagerkosten und Händleranteil den Preis bestimmen. Nicht der Rang des Autors.

Dichterfürst Johann Wolfgang von Goethe beschwerte sich bei seinem Kollegen Schiller über fehlende Provisionen: «Sein «Werther» mache das Kraut nicht fett». Hohe Auflagen von kleinen

Druckereien illegal gedruckt und verkauft. Statt von seinem Verlag wie zuvor. Die große Nachfrage muss am Thema gelegen haben. Heute kaufen literarisch interessierte Menschen den Werther, weil Deutschlands größter Dichter ihn geschrieben. Nicht weil ein unglücklicher junger Mann Suizid begeht.

Wieder vergingen zwei Jahrhunderte, bis sich alles änderte. Grundlegend und so rasch wie nie zuvor. Die Digitalisierung stellte alles Bisherige in den Schatten. Was früher bei flackerndem Kerzenlicht oder Leselampe zur Kenntnis genommen, ist heute selbst im Dunkeln auf selbstleuchtendem Display von Smartphone, Tablet oder Reader zu lesen. Was früher stille Stunden brauchte, begreift der Mensch von heute in SMS Kürzeln. Schneller geht es nicht.

Emails senden sekundenschnell per Tastentipp. Ebenso schnell kommen sie an. Auch wenn man sie nicht bestellt hat. Bezahlen muss man sie sowieso nicht. Elektronisch gesendete Nachrichten oder Liebesbeteuerungen kosten quasi nichts. Briefe per Post frühestens am nächsten Tag im Briefkasten. Aber nur, wenn der Absender sie mit einer kostenpflichtigen Marke frei gemacht hat.

Nicht wenige werden überzeugt sein, schöner und billiger kann es nicht mehr werden. Aber der

Mensch ist, wie wir wissen, gierig. Nie zufrieden mit dem, was er hat, was er bekommt. Da muss erst wieder etwas Schlimmes passieren, Etwas, das Angst macht. Wie Wölfe damals im US Staat Wyoming, jetzt hoch aktuell der Corona-Bazillus.

Rasend schnell breitete er sich rund um den Globus aus. Noch nie erfasste ein denkbar winzigstes Teilchen die ganze Welt. Bisher waren nur einzelne Regionen, Länder von kriegerischen Auseinandersetzungen betroffen. Pest und Cholera, Ebola. Jetzt sind bereits nach drei Wochen in allen Erdteilen Tausende infiziert und krank geworden. Immer mehr sterben, ersticken, weil der Bazillus sich bevorzugt in den Atemwegen einnistet.

März 2020 rief die Weltgesundheitsorganisation WHO eine «Pandemie» aus. Corona eine Bedrohung für die ganze Menschheit. In der chinesischen Stadt Wuhan ausgebrochen, nach drei Wochen in vielen Ländern der Welt herrscht die Angst. Man vermutet, Vögel hätten den Bazillus eingeschleppt, ein Zwischenwirt ihn auf den Menschen übertragen. Huhn, Schwein oder andere Haustiere, deren Fleisch Menschen essen. Der Verdacht konzentriert sich auf Fledermäuse. Sie selbst immun gegen diesen Bazillus, könnten ihn auf ihrer Nahrungssuche mitgebracht haben.

Denkbar auch, für ihre Reiselust bekannte Chinesen oder andere Ostasiaten schleppten ihn unbewusst in andere Länder ein. Sind es seit Jahrhunderten gewohnt, lebende Tiere, Vögel, Schlangen auf Märkten zu kaufen, um möglichst alles von ihnen zu verwerten. Für Speisen, Kosmetik, Medikamente und rituelle Handlungen.

Genaues aber weiß man nicht. Sicher ist, der Virus wird durch Tröpfchen übertragen. Verbreitet sich durch Körperkontakt. Nase, Mund und Augenschleimhaut besonders gefährdet. Gelangt der Bazillus in die Lunge, kann es zu schwerer Erkrankung und Tod führen. Tausende bereits ihr Opfer.

Wissenschaftler aller Länder arbeiten fieberhaft an Gegenmitteln. Testen vorhandene Medikamente, auch Antibiotika gegen den Corona-Virus. Der Leiter des «Robert Koch Instituts» in Berlin liefert täglich im Fernsehen die neuesten Daten. Warnt, ermutigt. Hoffnung kann und will er nicht machen, schnell ein wirksames Gegenmittel zu finden. Das Institut nach dem Mediziner Robert Koch genannt. Der sich hatte sich 1890 mit der Gründung einer autarken staatlichen Zentrale für die Gesundheit der Bevölkerung verdient gemacht. Schwerpunkt: Schutz vor und Heilung von Infektionskrankheiten. Im aktuellen Fall neueste Erkenntnisse der Wissenschaft im Fernsehen zu publizieren.

Alle Experten sind sich einig, die Zellhaut muss in den Fokus genommen werden. Haut, an dem sich der Bazillus festmacht, bevor er ins Innere der Zelle vordringt. Wie regiert die Oberfläche der Zelle, wenn dies passiert? Viele klinische Versuche, Langzeitversuche sind nötig, den Vorgang zu erkennen. Bevor man ein Medikament entwickeln kann, das Eindringen des Bazillus in menschliche Zellen verhindert. Dann erst ist der Mensch vor einer Infektion geschützt. Es wird einige Zeit vergehen, bis es soweit ist.

Soweit die Tatsachen. Meinungen, als Meldungen getarnt, kursieren in allen Medien. Ihr Merkmal ist die Masse. Masse mit soviel Meinungen wie sie nur Massen äußern können und deshalb gefährlich sind. Virologen glauben zu wissen, woher, warum und wieso. Andere äußern sich widersprüchlich. Wären sie ehrlich, müssten sie zugeben, dass sie erst am Anfang stehen, und alles noch unklar ist. Wir sollten nicht isoliert, sondern gemeinsam an der Lösung des akuten Problems arbeiten, warnt Professor Baghdi, einer der führenden Mikrobiologen. Nicht nur das medizinische Problem im Auge haben, auch bei notwendigen Maßnahmen jetzt schon spürbare soziale Probleme. Firmen insolvent, Menschen arbeitslos und verzweifelt. Angehörige Verstorbener, denen verboten ist, gemeinsam in Kirche oder am Grab zu trauern. Gemeinsam trauern ist für Menschen wichtiger als sich gemeinsam freuen.

Für Medien aller Art willkommener Anlass, zu spekulieren. Die Menschen fragen sich: Was ist wahr und was aufgeputscht, zurecht frisiert? Das Thema nutzt, um Aufmerksamkeit auf sich zu lenken? Und die Meinung ihrer Journalisten. Selbst wenn sie gut gemeint sind, was bei den meisten zu unterstellen ist, tragen sie bei zum alles beherrschenden Gefühl der Angst.

Ob es ihnen gelingt, diese die ganze Welt verunsichernde Angst totzuschlagen? Die in allen Printmedien, Fernsehen, sozialen Netzwerken versucht, Meinungen und Verhalten der Menschen zu ändern. Menschen, die Sokrates als soziale Wesen definierte, sollen zwei Meter Abstand halten. Sich in ihren Wohnungen abkapseln, das Risiko zu mindern, angesteckt zu werden und andere anzustecken. Sich separieren von Menschen, die sie bisher umarmten. Mit denen sie zusammenarbeiteten, auf die sie angewiesen waren. Was macht das mit den Menschen? Atemschutzmasken unübersehbare Zeichen, wie schlimm es um uns steht.

Abermillionen in vielen Ländern der Welt. Wie kommen sie über die Runden, wenn Schulen, Unis geschlossen sind, Läden und Restaurants. Verboten jede Versammlung von mehr als zwei Personen? Nicht mehr arbeiten dürfen, weil Kontakte zu Kollegen und Kunden unvermeidlich sind. Arbeitslos werden. Staaten wollen finanziell zu helfen. Wie aber gerecht verteilen? Damit allen geholfen wird. Musikern, Schauspielern, Selbstständigen, Frauen, die mit Putzen Geld verdienen, das kaum reicht. Nicht wenige würden protestieren, wäre der Bazillus ein Diktator wie Salazar, Pinochet oder Papadopoulos.

Das Gegenteil ist der Fall. Angst hat die Meinungen verändert. Meldungen in Medien berichten von einer Welle der Hilfsbereitschaft, die das Land überflutet. In allen vom Virus betroffenen Bereichen scheint sich Egoismus in Nächstenliebe gewandelt zu haben. Ärzte, Krankenschwestern und pflegenden Berufe gehen das Risiko ein, angesteckt zu werden. Hilfe kommt auch von Schülern, Schülerinnen. Sie picken Zettel an Bäume der Stadt oder kleben sie an Laternenpfähle, Haustüren mit dem Inhalt:

«Liebe Oma, lieber Opa, ich habe jetzt Schulfrei und kaufe gern für dich ein. Hier meine Telefonnummer 761457338 dein Philipp».

Haben Angestellte zuhause online ihr Pensum erledigt, helfen sie Nachbarn mit Kindern, alten Menschen. Restaurants liefern Essen ins Haus. Friseure Shampoos und Kuren ebenfalls. Die digitale Vernetzung aller mit allen hilft vielen. Amazon, größter Onlinehändler deckt Bedarfe weltweit. Firmen nutzen, wenn möglich, Home-Office. Und die Geschäfte laufen weiter. Anders als vorher, aber sie laufen. Obstbauern und andere Landwirte nutzen die Möglichkeit, online zu verkaufen.

Ein Mallorquiner Online-Händler empfiehlt per Email Erbsenzählern, Sesselpupsern, Korinthenkackern und Bedenkenträgern zu schweigen. Heute sei bedenkenfreies Handeln gefragt. Ist alles vorbei, könnten sie wieder zählen, pupsen, kacken und Bedenken äußern. Jetzt aber braucht es Besonnenheit und schnelles Handeln.

New York ist das Epizentrum der Pandemie in Amerika mit über 20.000 Einwohnern pro qkm. Andrew Cuomo, der Gouverneur, findet in täglichen Briefings die richtigen Worte, warnt und macht Mut. Innerhalb weniger Tage fanden sich 1300 Freiwillige zusammen, Hilfe zu leisten.

Auch Spanien ist schwer getroffen. Kliniken überfüllt, das Hilfspersonal arbeitet bis zur Erschöpfung. Alte Menschen sterben, bevor Arzt und Krankenwagen da sein können. Aber die Hilfsbereitschaft ist groß. In Interviews bekennen alle: Wir helfen, wann und wo immer es nötig ist. Louis M. betreut als Hausverwalter 125 Wohnungen. Jetzt sind ihm Mieter wichtiger als Treppenhäuser und Aufzüge, pünktliche Zahlung der Miete. Ruft jeden Morgen und jeden Abend die über 60jährigen an und fragt, ob er ihnen helfen kann. Einkaufen, zur Bank gehen oder den Arzt rufen. Überzeugt, nur Menschen können Menschen helfen. Die Medien machten alles noch schlimmer, die Angst größer. Allen Gesichtern sei es anzusehen. Ärzte sollten ängstlichen Patienten ein Rezept verschreiben, das Fernsehen verbietet.

In Frankreich ähnlich schlimme Verhältnisse. Die Regierung lässt Schwerkranke in TGVs mit über 300 km/h in Städte bringen, deren Kliniken auf ihren Intensiv-Stationen noch über freie Kapazitäten verfügen.

In Deutschland lässt Kanzlerin alle Kitas und Schulen schließen. Obwohl nicht sicher ist, ob es hilft. Kinder sollen bisher kaum betroffen sein. In Schweden sind die meisten Kitas und Schulen geöffnet. Bildung hat einen hohen Stellenwert. Die digitale Vernetzung perfekt, schnelle Entscheidungen möglich. Wenn nötig auch mit Ausgangsverboten. Im Gegensatz zu Deutschland.

In dieses Thema involvierte Journalisten stellten fest, nicht einmal alle Gesundheitsämter sind im wirtschaftlich erfolgreichsten Land Europas digital miteinander vernetzt. Auf dem neuesten Stand in der Lage, schnell richtige Entscheidungen zu treffen. Würden nicht Halböffentliche und private Initiativen aktiv werden, wäre es noch schlimmer.

Man könnte den Eindruck gewinnen, als wären die Menschen bereit, die Veränderung durch einen Virus als Chance zu begreifen. Ihre Meinung ändern, andere Konsequenzen ziehen. Ob sie die Welt retten? Bislang nur auf Maximierung von Profit und Ausbeutung der Ressourcen erpicht. Auf Kaufen und Konsumieren.

Wie noch nie nach dem Krieg provoziert das Corona Thema in den Medien Diskussionen, Interviews mit Experten der Virusforschung. Man glaubt nicht, wie viele etwas davon verstehen, Ratschläge geben. Vor lauter Ratschlägen kann keiner mehr erkennen, was stimmt oder nicht. Masse ist, was auf uns niederprasselt. Im Sekundentakt. Und niemand kann ihr entkommen. Es ist höchste Zeit zu wissen, was nottut.

Zukunftsforscher drängen auf Änderung der Wirtschaftsprozesse. Ihre Zielvorstellung: «Nachhaltige Soziale Marktwirtschaft». Die bezahlbare Qualität anstrebt und nicht wachsen muss, um den Wohlstand zu erhalten. Statt der bisherigen, deren Zweck es zu sein scheint, die viel gepriesene freie Marktwirtshaft zu nutzen, Reiche noch reicher werden zu lassen. Nicht mehr lange und die Ressourcen sind erschöpft.

Selbsternannte Mahner behaupten, Gott sei wieder im Spiel wie im Mittelalter. Als Pest und Cholera wüteten und Hunderttausende dahinrafften. Behaupten, der Corona-Virus sei eine Strafe Gottes. Wie damals, als seine Priester von den Kanzeln riefen: Bessert euch, sonst werdet ihr Schlimmeres noch erleiden müssen: ewig in der Hölle schmoren. Es mag solcherlei Meinungs-Äußerungen geben. Vom Himmel kommen sie sicher nicht.

Ob Nachrichten, Deutungen der Pandemie die Krise besser überstehen lässt, die Gehirne der Menschen entkrampft und tun lässt, was jetzt unabdingbar zu sein scheint? Ob wir gesund sind, bleiben oder wieder werden, wir müssen uns ernähren. Wenn im eigenen Land die Ressourcen erschöpft, sind wir auf Nahrungsmittel aus anderen Ländern angewiesen. Produkte, deren Qualität nicht immer eigenen Maßstäben entspricht. Deshalb Gesundheit und Leben gefährden können. Abgesehen von Kinderarbeit in Entwicklungsländern. «Fair Food» erst am Anfang, Das Problem wird also größer statt kleiner, je mehr Menschen auf der Erde leben.

Fast 8 Milliarden Menschen sind es heute, die Nahrung brauchen. Und ihre Zahl steigt weiter. Jeder neu geborene Mensch, soll er leben, wird sich ernähren müssen. Bisher hat man über Jahrhunderte entstandene Naturgebiete gerodet, um Getreide, um Soja, Mais und Wein anzubauen. Grasflächen erweitert, riesige Rinderherden weiden zu lassen. Um sie zu schlachten, die weltweit wachsende Nachfrage zu bedienen.

Ernst zu nehmende Experten folgern daraus: Die Natur rächt sich jetzt. Zahlreiche wilde Tiere, Vögel, Schlangen fänden in ihren altgewohnten Revieren keine Nahrung mehr. Suchen sie jetzt in menschlichen Ansiedlungen. Hinterlassen Spuren in Ställen, in denen Schweine und Hühner gehalten werden. Deren Fleisch wir essen, ohne zu wissen,

dass es einen tödlichen Virus enthalten könnte. An-
bau und weltweiter Handel mit Gütern und Lebensmitteln also Ursache seiner Verbreitung. Urheber der Mensch.

Dieselben Experten fordern ein nicht mehr weiter
so. Rückbau der Anbauflächen. Den Urzustand
wiederherzustellen. Und damit das Risiko von tödlichen Infektionen nach und nach mindern. Leser
erinnern sich an den Yellowstone-Nationalpark in
Wyoming, USA. Als man klugen Ratschlägen folgte,
ergab sich eine gesunde Rückentwicklung zum ursprünglichen Zustand.

Angenommen, wir könnten diese Meldung ernst
nehmen und nicht als eine der abertausend News
ignorieren, die viertelstündlich auf uns niederpras-
seln. Übernehmen wir ihre Meinung, bleibt die Frage: Begreifen die Verantwortlichen das Problem als
eine neue Chance? Gelingt es, den wachsenden
Nahrungsbedarf auf eine andere, neue Art zu de-
cken? Zurzeit sind noch kaum Ansätze zu sehen.
Von künstlicher Ernährung Schwerkranker und
Kleinbetrieben da und dort abgesehen. Tropfen auf
heißem Stein.

Es sei denn, wir schaffen paradiesische Zustände. Und einer hätte das Sagen. Einer, der die Schöp-

fung liebt, Natur, Mensch und Tier. Und Früchte wachsen lässt, die sättigen, aber nicht krank machen. Äpfel inklusive. Paradiesische Zustände und eine Meinung: Die glücklicher Menschen.

Gegenwart verdrängt solche Träume und lässt sie platzen wie Seifenblasen: Jerusalem, seit dem 4. Jahrhundert Ziel von Wallfahrten. Im letzten Jahr besuchten 133.000 Menschen das Grab Christi in der Grabeskirche. Die christlichen Stätten im Heiligen Land, Betlehem, Nazareth, Kanaan, den See Genezareth. An Ostern 2020 sind alle Kirchen, auch Moscheen leer, Corona wütet auch hier. Die Israelische Regierung hat eine rigorose Ausgangssperre verordnet, von Polizisten und Militär überwacht. Bisher gewohnte Massen an Pilgern jetzt eine Gefahr für die Gesundheit aller Bürger des Landes. Den Priestern bleibt nichts anderes als zu beten. Allein vor leeren Bänken. Vielleicht per Video der ein oder andere Pastor Gottes Frohbotschaft zu verkünden: «Fürchtet euch nicht! Ich bin bei euch».

Was macht Corona mit uns? All denen, die ihre Arbeit verlieren, Existenzen, Leben wie während der Pest im ausgehenden Mittelalter auf dem Spiel stehen. Die Zukunftsaussichten sind düster. Kein Gott kann uns helfen. Der Mensch muss sich selber helfen. Lernen zu verzichten auf vieles, was er für unentbehrlich hielt. Vorerst noch Ansammlungen von Menschen meiden, auch wenn sie auf Publikum angewiesen sind. Männer und Frauen, die in Theatern spielen, Sänger und Sängerinnen in Konzerthäusern oder Discos. Kirchenchöre, Modells, die neueste Mode am eigenen Leibe vorführen. Und gut bezahlt werden. Was passiert, wenn alle, von einem Bazillus ausgelöst, ganz plötzlich einer Meinung sind: Möge bald, bald alles wieder normal sein. Was aber ist normal?

Bleiben Menschen die, die sie sind seit Adam und Evas Zeiten? Gut und böse, zu allen Schandtaten bereit? Oder schaffen sie sich neue Räume, in denen sie Bücher lesen und träumen von Rache, enttäuscht von Gott und Teufeln aller Art. Von fliegenden Fischen und kämpfenden Kakerlaken. Solange es Träume sind, schaden sie keinem.

Können träumen, so lange sie wollen. Oder eine Auszeit nehmen vom Beruf. Als Eremit in Urwald oder Wüste über das Leben nach dem Tod nachdenken. Solange sie es aushalten, allein zu sein. Ohne mit einem anderen Menschen Meinungen auszutauschen. Sich streiten und wieder vertragen. Selbstbewusst sein, der sie sind. Die Zeit keine Rolle mehr spielt. Der Erste zu sein schon gar nicht.

Schlussfolgerung

eines, der seine Meinung auf 165 Seiten schrieb, um möglichst viele Leser auf seine Seite zu holen. Mit der Macht des gedruckten Buches auch den Skeptischen zu überzeugen, dass es besser ist, seine Meinung offen zu äußern als sie zu verschweigen. Nur weil sie nicht en vogue ist, nicht allen gefallen könnte. Den Zeitgeist kritisiert, dem allzu viele folgen. Der Meinung, sie hätten das Recht dazu. Dabei sind sie dem Irrtum erlegen, sich anpassen hieße erfolgreich sein. In Wahrheit verlieren sie sich an eine vorübergehende Meinung. Und unterwerfen sich einer Diktatur.

So schwankt der Mensch immer zwischen Wollen und Können, glauben und zweifeln. Sucht Halt und findet ihn, wenn eine Meinung ihn überzeugt. Klar und deutlich das latent Gute in ihm anspricht. Hörte er z. B. in den 50er und 60er Jahren die Predigt des Jesuitenpaters «Johannes Leppich». Redete zu den Leuten nur selten von der Kanzel. Lieber da, wo Menschen sich aufhielten. Auf Straßen, in Fabrikhallen, vom Dach eines VW-Kombi. Sogar auf der Reeperbahn in Hamburg. Die Aufmerksamkeit der Menschen war ihm sicher.

Pastore großer Kirchen luden ihn ein, von ihren Kanzeln zu predigen. In der Gewissheit, sie sind voll wie Weihnachten. Leppich stieg nie auf eine Kanzel, er predigte auf den Stufen zum Altar, in den Gängen. Und Menschen kamen, seine Botschaft, seine Stimme zu hören. Wegen seiner beißenden Kritik an Politik und Gesellschaft nannte man ihn das Maschinengewehr Gottes. Wer ihn damals hörte, wird ihn nicht vergessen. Über seinen Glauben nachgedacht und sich vorgenommen haben, ein besserer Mensch zu werden. Ein Beweis, dass Worte Macht haben. Worte selbst Macht sind, die lange wirkt, auch wenn sie das Gute im Menschen ansprechen. Nicht nur, wie leider zu oft, böse Gelüste wecken.

Auch gesungen verändern sie den Menschen. Opernfreunde konnten nicht genug von «Maria Callas» bekommen. Reisten ihr nach, kauften Schallpatten, CDs bis heute noch. Um ihre einmalige Stimme zu hören. Sich in die verwandeln zu lassen, deren Rolle sie auf der Bühne spielte. Unnachahmlich und nie wieder erreicht Timbre und Spannungsbogen ihres Soprans. Callas, zu Recht eine «Primadonna Assoluta». Alle weiblichen Bühnenfiguren authentisch. Ihr Schicksal nacherlebbar. «Norma» aus der gleichnamigen Oper wird niemand vergessen, der sie hörte: «Costa Diva» aus dunklen Tiefen aufsteigend, vor Zorn bebend, dann schwankend und am Ende trotzig und selbstbewusst.

Heute sind es die Stimmen junger Menschen, die sich nicht fügen wollen. Die Welt verändern, auf den Kopf stellen, was bisher unumstößlich galt. Mit den Beatles begann, was noch nicht aufzuhören scheint. Nicht nur Elvis Presley, Mick Jagger, Abba, Barbra Streisand, die Toten Hosen. Dauernd entstehen neue Bands, Neue Sänger und Sängerinnen füllen Konzertsäle. Reißen das junge Publikum zu Schreien hin. Sich die Kleider vom Leibe zu reißen und tanzen, wie es ihre Idole auf der Bühne vormachen. Zustimmung, die von Übereinstimmung geprägt ist: Anders als Erwachsene geben sie ihren Gefühlen Ausdruck. Ohne Rücksicht auf geltende Regeln von Moral und Political Correctness. Bis auf gelegentliche Streitereien um Karten verlaufen solche Konzert-Veranstaltungen friedlich. Danach geflüstert: Ich liebe dich. I love you. Je 'aime. Ti amo. Wie damals im Paradies, als Eva Adam verführte. Ohne zu wissen, dass Böses im Menschen Macht bekam.

Alle Äußerungen, ob gesprochen oder gesungen, sind Beweis für die Macht des Wortes und der Meinungsvielfalt. Jede einzelne Stimme von Tausenden weltweit findet den Beifall von Menschen, die sich auf die gleiche Wellenlänge holen lassen. Sie fühlen sich nicht unterdrückt und abhängig von einer Macht. Wie unter dem Diktat von Kirche oder Politik. Im Gegenteil:

Sie sind Teil der Macht, die sie überwältigt. Ist es das Charakteristikum einer neuen Zeit? Die nur dem Anschein nach Menschen manipuliert. Die Frage sei erlaubt: Ist der Mensch so stark, dass er andere Meinungen ignorieren kann? Oder zu schwach, zu wenig kritisch? Zu sehr an Lustgewinn interessiert, um sich separieren zu wollen? Gegenmeinungen zu äußern?

Die Corona-Pandemie wirft uns auf uns selbst zurück. In einem Maße wie nie zuvor. Der Mensch aber bleibt, der er ist seit dem Sündenfall im Paradies. Dazu verdammt, beides zu sein: Gut und böse. Ebenso auf andere angewiesen. Freunde suchen muss, die gleicher Meinung sind. Mittel und Möglichkeiten, seine Interessen durchzusetzen. Letzteres könnte den Schluss zulassen: Nur wer diktiert, gewinnt. Am meisten aber gewinnt der, der sich im Zaum hält, sich selber diktiert, ein anständiges Leben zu führen und niemandem zu schaden. Diese Kehrtwendung aber wird man wohl kaum von acht Milliarden Menschen erwarten können. Die Absicht schon, wie jetzt während der Corona-Krise. Aber nicht auf Dauer.

Am Anfang stand das Wort. Die Bibel hat Recht. Immer werden Worte auch Meinungen erzeugen. Menschen begeistern oder unterdrücken. Bewegen, Gutes zu tun oder Verbrechen zu begehen. Wir müssen uns entscheiden. Jeden Tag neu. Weil alles sich ändert.

Allen sei gedankt, die Aristoteles gefolgt sind, auch wenn er für sie ein Buch mit sieben Siegeln war, ist und sein wird. Millionen namenloser Menschen, die ihrer Meinung Gutes folgen ließen und lassen werden. Dank denen, die ihrer Meinung wegen gelitten und ihr Leben lassen mussten und weiter noch lassen müssen. Danke auch den Mutigen, die protestierten, jetzt und in Zukunft. Die Welt wissen zu lassen, dass das Gute noch lebt. Möge es ihnen gelingen, immer mehr Menschen zu bewegen, länger nachzudenken, bevor sie handeln.

Über den Autor

Otto W. Bringer, 89, vielseitig be-
gabter Autor. Malt, bildhauert, foto-
grafiert, spielt Klavier und schreibt,
schreibt. War im Brotberuf Inhaber
einer Agentur für Kommunikation.
Dozierte an der Akademie für Mar-
keting-Kommunikation in Köln.
Freie Stunden genutzt, das Leben in Verse zu gießen.
Mit 80 pensioniert und begonnen Prosa zu schreiben.
Sein Schreibstil ist narrativ, "ich erzähle" sagt er. Seine Themen sind die Liebe, alles Schöne dieser Welt.
Aber auch der Tod seiner Frau. Bruderkrieg in Paläs-
tina. Werteverfall in der Gesellschaft. Die Vergänglichkeit aller Dinge, die wir lieben. Die zwei Seelen in
seiner Brust.

Weitere Bücher von Otto W. Bringer

"ROSE LEBT": Wieder auferstanden in diesem Buch. Lebendig in Bildern und Liebesbriefen an die Verstorbene.
Taschenbuch mit 230 Seiten und 15 Fotos

"MALLORCA mit allen Sinnen": Land und Leute kennen und lieben gelernt. Das Meer, die Buchten, in Finkas gewohnt und in Nobelhotels. Mit Einheimischen gefeiert.
Taschenbuch mit 212 Seiten und 21 Fotos, auch als ebook lieferbar

"ITALIEN mit allen Sinnen": Die Wiege abendländischer Kultur. Ziel ihrer Sehnsucht, Menschen kennenzulernen. Zu sehen, zu erleben, was Kunst ist. Einschließlich kulinarischer Genüsse.
Taschenbuch mit 242 Seiten und 21 Fotos, auch als ebook lieferbar

"FRANKREICH mit allen Sinnen": Nachbarland, in dem Geschichte lebendig ist. In römischen Theatern, Klöstern und Königsschlössern. Kultur eingeatmet, Geschichte hautnah erlebt. Sterneküche und Bistros genossen.

Taschenbuch mit 220 Seiten und 30 Fotos, auch als ebook lieferbar

"ZUHAUSE – Wo?" Autobiographie, eine lange, detailreiche Geschichte. Mit Niederlagen und Siegen. Überraschenden Höhepunkten und geplanten Erfolgen. Liebe und Tod die Eckpunkte allen Geschehens.

Taschenbuch mit 443 Seiten

"GESICHTER das Rätsel hinter den Fassaden" Alles hat ein Gesicht. Essays über Pharaos Goldmaske, Jesus von Nazareth, Karl der Große, Goethe, Adenauer, Marilyn Monroe u.a. Ein Hund, Landschaft, Städte und der Autor selbst im Spiegel. Findet er des Rätsels Lösung?

Taschenbuch mit 250 Seiten und 18 Abb., auch als ebook lieferbar

"AUGE um AUGE": Roman über den Konflikt zwischen Juden und Palästinensern. Politische und gesellschaftliche Probleme. Ein Mann und zwei Frauen darin verwickelt. Eine von ihnen ist Jüdin. Engagiert mit ihrem Freund für Versöhnung. Sie lernen sich kennen und das Drama nimmt seinen Verlauf. Tote auf allen Seiten. Ein Mann, eine Frau bleiben und ein dreijähriges Kind.

Taschenbuch und Hardcover mit 286 Seiten, auch als ebook lieferbar

"PORCUS – das charakterlose Schwein" Fast ein Krimi. Lebenslauf von Gymnasiasten, die sich mit lateinischem Namen ansprechen. Porcus einer, der sie verpetzte, als sie in der Pause mit Mädchen schmusten. Später versuchte er einen von ihnen zu töten. Was ihm nach vielen schlimmen Ereignissen zum Schluss auch gelang. Weil er einen schlechten Charakter hatte?

Taschenbuch und Hardcover, 224 Seiten, auch als ebook lieferbar

"**Das Rätsel Frau**" – aus der Sicht des Mannes. Weil sie anders ist. Nicht nur anders aussieht, sondern vor allem anders denkt, fühlt, reagiert und entscheidet.

Taschenbuch und Hardcover mit 144 Seiten, auch als ebook lieferbar

"**Fräulein QUAKIS Versuche ein Mensch zu werden**". Geschichte einer Freundschaft zwischen einem kleinen Mädchen und einem Froschfräulein. Was so hoffnungsvoll begann, endet in einem Desaster. Alle Versuche Deutsch zu lernen scheitern. Wundermittel, Wallfahrten und Gentransplantion bleiben erfolglos. Sie bleibt ein Frosch. Und endet nicht wie der Frosch in Grimms Märchen. Taschenbuch und Hardcover mit 104 Seiten, auch als ebook lieferbar

"Adieu – Nichts bleibt …"
Jeder weiß, dass Abschiednehmen zum Leben gehört. Sich trennen müssen von dem, was wir lieben, gewohnt sind. Wir verdrängen den Gedanken daran, aber es hilft uns nicht. Leben heißt sich verändern. Kommen und gehen wie Frühling, Sommer, Herbst und Winter. Wachsen und reifen und sterben. Sonst wäre es nicht lebendig, sondern tot.

In 38 Kurzgeschichten erzählt der Autor, wie er selbst und viele andere dieses ständige Abschiednehmen erlebten. Besser gesagt überlebten. Jedes Mal tieftraurig danach, gefasst oder reifer geworden in Einsicht und Charakter. Entschlossen Neues zu beginnen oder es hinzunehmen wie ein unvermeidliches Schicksal.

Taschenbuch und Hardcover, 187 Seiten, auch als ebook lieferbar

"Mann Gottes" Der Mann Theologe und Dozent an einer katholischen Akademie. Die Frau heimgekehrte Russlanddeutsche, verheiratet. Sie verlieben sich, begehren einander. Probleme bleiben nicht aus. Innere Zweifel, äußere Zwänge führen zu einem Fiasko.

Taschenbuch und Hardcover, 224 Seiten, auch als ebook lieferbar

"Ich bin nicht der ich bin" Wer bin ich? Die Frage treibt den Autor um. Denkt und denkt und kommt nach vielen gedanklichen Pirouetten zur Erkenntnis: ich bin ein Mensch wie andere. Mal so, mal so. Wechselhaft wie das Wetter.

Taschenbuch und Hardcover, 83 Seiten, auch als ebook lieferbar

„ALTER EGO – das andere Ich" Das Leben eines Mannes, der zweihundert werden will. Unterwegs zu den fantastischsten Abenteuern. Alltags in Freiburg, im Universum auf den Flügeln seiner Fantasie. Und bei sich selbst. Herauszufinden, wer er ist. Liebt, malt, spielt Klavier, kocht. Ein Mensch mit mehr als zwei Identitäten? Alle in einer Person? Mehr als Gott in drei. Höchst spannend, seiner Vita zu folgen. Der Auferstehung seiner toten Rose.

Taschenbuch und Hardcover mit 384 Seiten. Auch als ebook lieferbar.

„Das Haar in der Apokalypse" Die aufregende Geschichte von einem Haar aus der Wolle eines provençalischen Schafes, im 14. Jahrhundert zu Garn gesponnen, zum Gewand des Apostels Johannes und Gottvaters geknüpft. In fantastischen Bildern der Apokalypse, den Endzeitgesängen des Johannes, auf riesengroßen Teppichen nebeneinander gehängt in einer Länge von über 100 Metern.

Ein ausdrucksvoll eindringliches Spektakel mittelalterlicher Vorstellungen vom Ende der Welt - und einem Haar, das nicht sterben wird, solange die Teppiche im Schloss von Angers an der Loire hängen.

„Das Experiment" Parabel könnte man dieses Buch nennen. Philippe Emmanuel Escargot ist klein von Gestalt. Hoch begabt, träumt, der Größte zu werden. Die Idee Im Kopf, Häuser für Menschen zu bauen, die wie Schneckenhäuser aussehen und funktionieren. Zuhause sein und unterwegs gleichzeitig. Studiert Architektur, experimentiert, verliebt sich. Scheitert, beginnt wieder von Neuem. Er will mit seiner Freundin im Schneckenhaus wohnen. Das Experiment gelingt, wie es den Anschein hat.

Taschenbuch und Hardcover mit 244 Seiten. Auch als ebook lieferbar.

In der modernen Welt wird es für das Individuum zunehmend schwieriger, sich gegen Visionen von Größe bei Politikern zu behaupten und Moden aller Art, die laufend wechseln. Globalisierung und Digitalisierung nehmen zu, in bisher unvorstellbarem Tempo, gefährden Arbeitsplätze, verwischen Maßstäbe. Groß muss alles sein, um mehr Macht zu haben. Der Einzelne scheint wehrlos. Die Gefahr, sich selbst zu verlieren, ist groß – Selbstbestimmung nur noch ein Wunschbild? Beispiele in diesem Buch zeigen, dass es geht, wenn der Mensch seine Ansprüche reduziert und ein bisschen Mut aufbringt der zu sein, der er ist.

Taschenbuch und Hardcover mit 228 Seiten. Auch als ebook lieferbar.

Friedrich II., Kaiser des Heiligen Römischen Reiches — der mächtigste und fortschrittlichste Potentat seiner Zeit wird aller Ämter beraubt. Was macht ein Mann, den die Kirche entmachtete? Der als Erster ein Gesetz zur Reinhaltung der Luft erließ? Der Fremde in sein Land holte, um es zu bereichern? Der Universitäten gründete, Bücher schrieb und Frauen nicht nur liebte, um Nachfolger zu haben?

Taschenbuch und Hardcover mit 400 Seiten. Auch als ebook lieferbar.

Nichts bewegt Menschen so sehr wie Sterben und Tod. Die Angst vor dem endgültigen Aus besteht zwar meist unbewusst, treibt uns aber an und motiviert uns, am Leben zu hängen, es zu lieben - mit allen Fasern unseres Seins.

Dieses Buch definiert Gründe für die Angst vor dem Tod, ebenso die Tricks, ihm auszuweichen, ihn zu ignorieren sowie die Rolle der Religionen dabei - vom sogenannt »finsteren Mittelalter« bis in die aufgeklärte Gegenwart.

Wer es aufmerksam liest, entdeckt hinter allem Positives. Das Buch ist eine Aufklärungsschrift über die Macht des Todes, aber ebenso eine einzige Hymne an das Leben. Die Bekenntnisse des Autors: Liebeserklärungen eines Optimisten.

Taschenbuch und Hardcover mit 356 Seiten. Auch als ebook lieferbar.

In diesem Buch hat ein Poet sich inspirieren lassen, Obst und Gemüse auf seine Weise gesehen und interpretiert – anders als Markt, Supermarkt und Biologen es definieren. Formen verändern sich und bleiben, was sie sind. Farbe zeigt Wechselwirkungen. Alltägliches kommt auf neue Gedanken, träumt Schönes, wird Bild und Vers.

108 Seiten, auch als E-Book lieferbar.

Gläser, Schalen, Krüge aus flüssigem Kalk-Natron – geblasene gläserne Gegenstände sind nützlich zumeist. Schön manchmal. Immer aber zerbrechlich. Es könnte dahinter noch was zu entdecken sein. Anregendes. Nachdenkliches. Gefühle wecken. Erinnern, bewegen und hoffen wider alle Hoffnung.

Alles das kann geschehen, denn der Autor dieses Büchleins hat Gläsernes ins rechte Licht gerückt. Im richtigen Moment auf den Auslöser der Kamera gedrückt. Die Fotos im PC modifiziert. Um sich inspirieren zu lassen zu dem, was Sie in diesem Büchlein lesen. Glücklich, wenn Schönes Sie berührt. Und nachdenklich. Erkennen Sie sich selbst in dem ein oder anderen.

Taschenbuch und Hardcover mit 96 Seiten. Auch als E-Book lieferbar.

ROLLENTAUSCH ist ein Bühnenstück, das die bisherige Lesart auf den Kopf stellt. Laut Bibel hat Gottvater zuerst den Mann erschaffen, dann erst Eva. Der Autor lässt in seinem Bühnenstück Gott seinen Schöpfungsakt überdenken und zu dem Entschluss kommen, noch mal von vorne zu beginnen und die Frau als Erste zu erschaffen. Ein Gleichnis mit vielen Bezügen zu aktuellen Äußerungen und Ereignissen.

Taschenbuch mit 104 Seiten.

Otto W. Bringen
WER BIST DU, PAPA?
Warum hast du mich
nie umarmt? Gesagt,
was du denkst, fühlst,
dass du kein Nazi warst?

tredition

Der Autor wusste praktisch nichts über seinen Vater, was er gedacht, gefühlt, geliebt. Wie sein beruflicher Alltag aussah. Nur ein altes Foto, zufällig entdeckt beim Aufräumen. Sich nur erinnert, was er gesehen, gefühlt als Kind. Schüler, Flakhelfer und Soldat Ende des Zweiten Weltkrieges. Gewusst nur, dass sein Vater 1915/16 als Soldat in Riga war. Fragt sich: War er beteiligt an der Zerstörung der Stadt? An der Verhaftung von Juden?

Taschenbuch und Hardcover mit 240 Seiten. Auch als E-Book lieferbar.

Zeitfracht Medien GmbH
Ferdinand-Jühlke-Straße 7
99095 Erfurt, Deutschland
produktsicherheit@kolibri360.de